인재
vs
인재

인재 _{vs} 인재

급변하는 미래를 돌파하는 4가지 역량

홍성국 지음

메디치

증권사, 특히 리서치센터에서 30년간 일해온 나는 과분하게도 종종 미래예측가로 불린다. 장밋빛 전망이 대세인 투자업계에서 조금은 '냉정하게' 우울한 미래상을 내놓았는데 그것이 실제와 일치하면서 미디어의 조명을 받았기 때문이다. 사실 내 관심 분야는 금융업을 넘어 다방면으로 뻗어 있다. 10여 년 전부터는 강연과 인터뷰에서 사회 변화와 과학기술이 바꾸는 세상을 역설하고 다녔다. 이는 갑작스러운 주장은 아니었다. 2000년 무렵부터 인구 감소, 양극화, 공급과잉과 기술의 발전 등이 역사적 변화를 이끌 것이라고 판단했다.

미래를 그릴 때 나는 먼저 사회과학적 분석을 바탕으로 해서 기술 분야의 최신 발표를 챙긴다. 그러나 여기에서 그치면 폭넓은 시야와 현실감까지 갖추기는 어렵다. 때로는 탐정이 되어 시장에서, 인기 드라마에서, 젊은 세대와 대화하면서 미래의 단서를 준다. 사실 미래는 이미 우리 눈앞에 펼쳐져 있다. 눈 밝은 이들이 먼저 알아채고 변화를 실행한다는 차이가 있을 뿐이다.

———

경륜(經綸). 이 말을 들으면 어쩐지 경계심을 풀게 된다. 마음이 물처럼 안정된 연륜 있는 선배에게서 지혜를 구하는 장면이 떠오른다. 그러나 오늘날 경륜은 어느새 '쉰 세대'가 되어버린 나조차 써본 지도 들어본 지도 오래된 말이 되어버렸다. 사회뿐 아니라 가정에서도 위 세대의 경륜이 인정받지 못하는 탓인 것 같다. 지금 세태를 보면, 연장자들은 존경을 받기는커녕 새까만 후배들에게 '꼰대'라는 비웃음을 사기 쉽다. 어찌 보면 기강이 무너졌다고 펄쩍 뛸 수도 있지만, 젊은 사람만 탓할 일이 아니다. 세상은 빠르게 변하는데 경험을 구할 선배가 보이지 않는다는 게 맞다.

　　역사는 간단히 말해 앞선 세대의 성공과 실패 경험이 쌓인 것일 텐데, 그 실행 과정에서 얻은 지혜가 곧 경륜이다. 경륜은 경험과 능력을 조직적·계획적으로 수행하는 능력이다. 지나온 시절, 우리는 선배들의 경험이 빚어낸 지식을 흡수하고 응용하며 살았다. 그런데 요즘은 그런 경험과 지식이 쓸모 있는지 의심하는 사람들이 많아지고 있다. 현장에 적용하기 어려워졌다는 것이 솔직한 얘기일 것이다. 이는 글로벌 기업부터 프리랜서까지 상황이 다르지 않다. 세계 최고 수준이라는 대기업도 하루가 멀다 하고 터지는 대형 사건을 쫓아가기도 숨차다.

　이렇게 누구도 어떤 조직도 경험에서 답을 찾지 못하는데 구세대는 여전히 권위를 내세운다. 이는 우리 사회에서 '나홀로족' 증가 현상을 초래하는 한 가지 이유가 되고 있다. 네 가구 중 한 가구가 '1인 가구'일 정도로 혼자 사는 사람들이 많아졌다. 사생활만이라도 과거(위세대)의 구속에서 벗어나려는 몸부림으로 해석된다.

　우리 앞의 세상은 너무 낯설다. 아무도 경험해보지 못한 이상한 신세계다. 갑자기 낯선 세계로 진입하면 약한 곳부터 탈이 나기 마련이다. 우리 사회에서 가장 치열한 경쟁에 내몰린 청소년부터 이상 신호가 켜지고 있다. 2015년 한 해만 16만 명이 넘는 미성년자가 우울증 같은 정신질환으로 치료를 받았다. 어른들도 괜찮지가 않다. 일상생활에 지장을 줄 정도로 술에 의존한다든지 자주 과음하는 알코올성 장애가 한국 성인 남성 다섯 명 중 한 명에게서 나타날 정도다. 이전보다 더 열심히 살지만 과거 방식이 통하지 않으니 많은 사람이 방황한다.

　열심히 살지만 성과가 나지 않는 것은 세상을 움직이는 중심축이 변하기 때문이다. 제2차 세계대전 이후 세계는 대체로 성장세에 있었다. 특히 한국은 압축성장의 수혜자였다. 그러나 2008년 글로벌 경제위기 즈음부터 세계는 내리막길로 접어들고 있으며, 전과 같은 희망적 전망은 찾아보기 어렵게 되었다. 부채사회, 인구감소, 환경오염 등이 상호작용해서 위기가 눈덩이처럼 커졌다. 나는 이를 '전환형 복합위기'라고 하는데, 이는 탁월한 지도자가 나선다 해도 단번에 해결할 수 있는 문제가 아니다.

이런 때 만난 '4차 산업혁명'이 한편으로는 다행스럽다. 인공지능과 로봇 등 과학기술 발전이 기업의 생산성을 놀라울 정도로 향상시켰다. 하지만 한편으로는 수많은 사람의 일자리를 기계가 대체하는 위기 상황이 오고 말았다.

앞으로는 창의성을 발휘해서 기술과 사람을 지휘하는 인재와 단지 매뉴얼과 체계만 따르는 '모범생' 사이에 격차가 엄청나게 벌어지리라 예상된다. 게다가 우리 사회는 한국만의 특수한 문제에 빠져 있다. 민주주의와 자본주의가 압축성장하면서 교육이나 문화 같은 소프트웨어를 미처 갖추지 못했다. 권위주의에서 헤어나지 못한 채 외형만 커지다 보니 사회 구성원이 스트레스를 심하게 받고 있다.

모든 위기와 문제는 사람에게서 비롯한다. 역설적으로 사람만이 위기를 해결할 수 있다. 지금 상황은 이전의 정치학, 사회학, 경제학으로는 답을 찾기 어려운 문제가 동시에 나타나며 발생했다. 따라서 과거에 통용되던 전략, 리더십, 교육으로는 대응할 수 없다.

———

이 책의 목적은 현재와 미래에 필요한 인재를 정의하는 데 있다. 변화 속도가 빨라지면서 미래를 이끌어갈 사람을 규정할 필요성을 절실히 느꼈다. 그 핵심은 모범생·매뉴얼적 인간형에서 산책가·모험가형으로 전환하는 게 최선이라고 본다. 여기서는 그 특징을 '관철격류' 네 가지에 담았다. 미래를 이해하기 위한 관(觀), 미래형 인재의 개인적 능력을 철(哲), 더욱더 중요해진 리더로서 인재를 격(格) 그리고 혜안을 갖춘 최고 인재를 류(流)로 제시했다. '관철격류'는 직업이 어떻게 변하든 누구에게나 필요한 기본 역량이다.

본문에서 '과거형 인재'는 인재(人災, 이하 한자로만 표기), 즉 재 앙(災殃)으로 표기했다. 과거에는 이들의 능력과 리더십으로 사회가 발전했다. 그러나 이제 이전 방식은 실패로 가는 지름길이 되었다. 때로는 조직을 혼란에 빠뜨릴 수도 있다. 반면 변화를 제대로 이해하 고 새로운 차원으로 대응하는 사람은 인재(人材, 이하 한자 생략)로 명 명한다. 이들은 위기를 헤쳐 나갈 리더그룹으로, 인재 양극화에 따 라 매우 큰 혜택을 받게 되리라 예상한다. 인재는 천부적 재능이 아 니다. 人災도 노력하면 인재가 될 수 있다. 한편으로는 과거지향적 인 人災가 빠르게 달라지기는 어려우니, 지금의 40대 이하가 인재가 될 소양을 배울 시간이 아직은 충분하다.

이 책은 이를테면, 먼저 미래를 고민하고 30년간 한국 기업에서 잔뼈가 굵은 선배가 제안하는 한국형 인재 출사표다. 미래학과 인재 론을 접목한 결과, 여타 자기계발서의 조언과는 차이가 있을 수 있 다. 또한 한국적인 특수성을 강조하기 위해서 한국 사례를 주로 인용 했다. 나의 작은 시도가 우리 사회에서 인재가 되기를 희망하는 이들 에게 유용한 참고가 되었으면 한다. 두 아들 홍우상과 홍우재 그리고 좌절하고 있는 이 땅의 젊은이들이 인재가 되는 데 작은 도움이라도 되기를 바란다.

홍성국

차례

1장

미래의 변화를 살피는 통찰

관

세상은 정지되어 있지 않다.
무서운 속도로 변화하는 세상에서
'무엇을 어떻게 볼 것인가?'는
모든 것의 출발점이다.

觀
관

시대가 혼란스러울수록 그 변화를 볼 수 있는 인재는 앞서간다. 반대로 아무리 부지런해도 시대를 읽지 못하면, 처음부터 실패한 채 시작하는 것이다. 의외로 '본다'는 것은 쉽지 않은 일이다. 누구나 그간 살아온 시간과 경험이 빚어낸 자기만의 생각에 영향을 받는다. 그 선입견은 세상을 효율적으로 빠르게 파악하도록 돕는다. 그러나 세상이 중요한 전환기를 맞았을 때, 기존의 선입견을 넘어서지 못하면 아무리 뛰어난 인재라도 人災로 추락하고 만다는 점을 기억해야 한다.

2017년 새해, 누구라도 희망적인 미래를 설계해야 할 시간에 세계적인 투자가 한 사람이 한국 경제에 대해 절망적인 전망을 내놓았다.

"최근 한국은 급격히 일본을 닮아가고 있다. 한국 청년들이 좋아하는 일을 찾지 않고 안정적인 공무원이나 대기업 일자리만 좇을 경우 한국은 5년 안에 활력을 잃고 몰락의 길을 걸을 것이다."

그는 워런 버핏(Warren Buffet)과 함께 투자의 귀재로 불리는 짐 로저스(Jim Rogers)다. 짐 로저스는 "앞으로 한국 기업의 주식은 새로 사들이지 않겠다"라고 선언했는데, 2014년 "통일 한국에 전 재산을 투자하겠다"고 했던 말을 완전히 뒤집은 것이다.

그는 도전, 불안정, 보람 같은 가치를 잃어가는 한국에 일침을 가했다. 한마디로 한국에서는 인재가 눈에 띄지 않는다는 것으로 해석된다. 경제개발이 시작된 1960년대부터 근 60년간 한국은 세계사에서 유례가 없을 정도로 빠르게 성장했다. 그때는 그만큼 인재가 많았다. 그런데 왜 하루아침에 인재가 사라졌을까? 그 많던 인재는 어디로 갔을까?

과거와 미래의 충돌

2016년 말, 전대미문의 대통령 탄핵사건에 연루된 사람 중 상당수가 법조계 인사나 교수 출신이었다. 이들은 불과 1년 전의 관점에서 따져보면 모두가 부러워하던 인재였다. 뛰어난 두뇌를 바탕으로 정책을 쥐락펴락하는 최고 엘리트였고 선망의 대상이었다. 후배와 지인들은 그들을 성공한 인생 모델로 생각했을 것이다.

그러나 그 엘리트들은 자기 분야에서는 전문가였는지 몰라도 세상을 살아가는 철학이 없었다. 말과 행동이 온갖 IT 기기에서 낱낱이 파헤쳐지는 현실을 깨닫지도 못했다. 권력으로 사건을 덮을 수 있다고 생각했던 것 같다. 만일 지금껏 억울해한다면 그들은 확실히 人災가 된 것이다.

여기서 엉뚱한 질문을 던져보자. 범죄자가 된 권력자와 중소기업에서 미래의 네이버와 카카오를 꿈꾸며 새로운 기술을 개발하는 젊은이 중 누가 인재일까?

장면 1 : 극심한 빈부격차

2011년 가을부터 2014년 말까지 뉴욕의 한복판에서 빈부격차에 항의하는 '월가를 점령하라(Occupy Wall Street)!' 시위가 벌어졌다. 자본주의 종주국에서 자본주의를 부정하는 시위가 일어난 것이다. 이때 나온 주장이 전체 인구의 1%인 거부들이 부를 독점해서 99%의 보통 사람이 고통을 받는다는 것이었다. 이렇게 시위까지 벌어진 미국뿐 아니라 거의 모든 국가에서 소득불평등이 심화되고 있다. 한국 역시 심각한 수준이다. 2010년 기준 소득 상위 1%가 전체 국민소득에서 차지하는 비중이 미국(21%), 한국(14%), 영국(13%), 일본(11%) 순이다. 그런데 고소득자 범위를 소득 상위 10%로 확대해도 한국이 미국 다음이며, 수치도 거의 근접한다(미국 50%, 한국 46%, 일본 42%, 영국 39%).

2001년 9·11테러 이후 전 세계는 테러의 공포에 시달려왔다. 2004년 스페인에서는 지하철 테러로 190명이 사망하고 1,800명이 다쳤다. 2011년 7월, 노르웨이 오슬로 인근에서는 백인 테러범(32세)이 여름캠프에 참가한 청소년들에게 총기를 난사해서 77명을 숨지게 했다. 테러범은 이민에 반대하는 극우 기독교 근본주의자였다. 2015년 11월에는 프랑스 파리 시내 여섯 곳에서 발생한 자살 폭탄 테러와 대량 총격 사건으로 사망자가 130명이 넘었다. 한국도 무차별 범죄에서 예외가 아니다. 2016년 5월 강남역에서 발생한 끔직한 여성 살인사건은 범인과 살해된 여성 사이에 아무런 연관성이 없었다.

장면 3 : 기술혁신

독일의 스포츠용품업체 아디다스는 2016년 독일에 최첨단 공장을 지었다. 높은 임금 때문에 중국과 동남아시아로 공장을 옮긴 지 23년 만의 유턴이었다. 이 공장에서는 신발을 연간 50만 켤레나 생산하지만 근로자는 10명뿐이다. 동남아시아에서 600명을 고용했던 것과 극명하게 대조된다.

독일의 새 공장에서는 로봇과 3D프린터가 재단과 재봉을 처리한다. 게다가 고객들은 소재와 디자인은 물론 색깔, 깔창, 신발끈까지 홈페이지에서 직접 선택할 수 있다. 동남아시아에서는 신발 한 켤레를 만드는 데 3주가 걸렸지만, 독일의 첨단 공장에서는 5시간이면 가능하다. 제품을 로봇이 생산하면서 아디다스는 돈을 더 많이 벌겠지만, 동남아시아에서는 600명이 일자리를 잃었다.

이 장면들은 서로 연결되어 있다. 경제성장이 정체된 상태에서 기술이 발전하면서 일자리가 사라졌다. 중간 단계 이하의 일을 기계나 이민자에게 빼앗긴 보통 사람들은 점점 더 가난해지고, 기술을 가진 자본가는 더 부유해져서 일어난 현상이다. 노르웨이나 스웨덴처럼 잘사는 나라조차 일자리를 찾기가 쉽지 않은 형국이다. 국가로 대입했을 때도 마찬가지다. 가난한 나라는 더욱 가난해져서 부유한 나라에 건너가 테러를 벌이는 상황까지 왔다.

과거는 없다!

2017년 새로 출범한 미국 트럼프 행정부는 미국과 거래하는 세계의 기업들에 미국에다 제조업 공장을 지으라고 요구하고 있다. 유럽, 일본의 기업뿐 아니라 한국의 삼성전자나 현대차도 미국 공장 설립을 추진하고 있다. 트럼프 행정부의 바람대로 미국에 공장이 많아지면 일자리가 늘어나고 경기가 좋아질까? '장면 3'의 아디다스 공장을 생각해보자. 사람이 거의 필요 없는 공장이라면 미국에 지어도 세금과 물류비용 정도 빼고는 보탬이 되지 않는다. 당연히 제조업 임금도 오르지 않을 것이다. 도요타, 삼성전자, 현대차는 미국에 바로 이런 공장을 지을 것이다. 그렇다면 과연 미국에 일자리가 생길까?

드럼프 행정부는 과거의 인식에서 벗어나지 못하고 있다. 과거의 성공 방식이 이제는 실패하는 방식이 되었는데도 갈팡질팡하고 있다. 트럼프 행정부뿐 아니라 우리 사회의 많은 리더가 과거에는 인재였을지 모르나 점점 人災로 전락하고 있다.

장면 4 : 관습 변화

유통업계에는 속설이 있다. 경기가 불황에 빠지면 미니스커트, 하이힐 그리고 빨간색이 유행한다고 한다. 그러나 불황이 9년째 이어지면서 이런 속설마저 바뀌고 있다. G마켓에 따르면, 2017년 1월에는 미니스커트 대신 롱스커트가, 하이힐 대신 굽이 낮은 로퍼의 판매가 크게 늘었다고 한다. 또 색상이 강렬한 립스틱 대신 한결 차분한 '말린 장미색'이 유행하고 있다.

사람들의 취향이 달라지면서 초콜릿 하면 떠오르는 밸런타인데이의 풍습도 달라졌다. 2016년부터 화이트데이의 초콜릿 매출이 밸런타인데이의 매출을 앞섰다(신세계백화점 자료). 고객 한 명당 화이트데이에 쓰는 금액이 평균 6만 원으로 밸런타인데이보다 2만 원 더 많았다고 한다.

이런 변화는 무엇을 뜻할까? 불황이 고착화되자 소비자들이 과시적 소비보다는 평소에 활용도가 높은 '합리적 소비'로 돌아섰고, '가성비(가격 대비 성능이 우수한 것)'로 소비 패턴을 바꾸고 있는 것이다. 원래 화이트데이는 남성이 여성에게 사탕을 주는 날이다. 그런데 여성들이 가족이나 연인 관계를 주도해가는 경향이 점점 강해지면서, 또 연이은 위기에 상대적으로 위축된 남성들이 여성 위주로 이벤트를 꾸미고 더 많은 돈을 쓰는 것이다. 사람들의 생각과 행위 패턴도 빠르게 바뀌고 있다.

양극화는 심화된다

2016년 한 해에만 무전취식과 무임승차로 즉결처분을 받은 사람이 2만 5천 명이나 되었다. 4년 전인 2012년의 약 1만 명에 비해 1.5배나 늘어난 숫자다. 1만 원 이하 절도범도 1만 5천여 명이 적발되었다. 일부 악용하는 사례도 있겠지만, 생계형 범죄인 현대판 '장발장'이 늘어난 셈이다. 2015년 새로 문을 연 기업형 창업 중 자영업자의 평균수명은 3년이 채 안 된다.

반면 고액 연봉자는 대폭 늘어났다. 건강보험공단에 따르면, 2016년 연봉을 9억 원 넘게 받은 직장인이 삼성전자는 151명, 법무법인 김앤장은 119명이었다. 변호사, 회계사 등 전문직이 많은 로펌과 회계법인에도 초고액 연봉자가 많아서 전국적으로는 3,403명이나 되었다. 흥미로운 사실은 '장수막걸리'로 유명한 서울탁주제조협회 소속 막걸리 제조장에서도 26명이나 9억 원 이상 연봉을 받는다는 것이다.

한편, 자영업자의 평균 존속 기간이 짧다고 했지만, 일부 자영업자는 엄청난 부를 축적하기도 한다. 전국 곳곳의 오래된 맛집들은 불황 속에서도 문전성시를 이룬다. 인터넷에서 맛집 검색이 보편화되면서 한번 소문나면 손님이 대거 몰린다. 그래서 백화점들은 주변 맛집들을 입점시켜 쇼핑과 먹거리 사업을 연계하고 있다.

전문직인 변호사들도 양극화가 역력하다. 김앤장 같은 대형 로펌에는 고액 연봉자가 넘쳐나지만, 중소형 로펌이나 지방 소재 로펌들은 사건을 수임하기조차 어렵다. 변호사 자격증을 가진 2만 명 가운데 3,400명은 실업자라고 한다(2015년 기준).

그런데 장수막걸리에 고액 연봉자가 많은 비결은 무엇일까? 막걸리에 톡 쏘는 탄산을 가미한 장수막걸리는 다른 제품과 차별화하면서 높은 성장세를 이어가고 있다. 유사한 업종 내에서도 격차가 점점 커지고 있다.

영국 옥스퍼드경제연구소에 따르면, 국가 간에도 임금 수준 차이가 점점 벌어지고 있다고 한다. 2000년 제조업 임금을 100으로 봤을 때, 2014년 중국의 임금은 300으로 크게 늘어났다. 반면 일본 80, 멕시코 90, 미국 100, 독일 140이다. 중국처럼 고성장하는 국가에서는 임금 상승은 당연하다. 그러나 14년 전보다 임금이 20%나 줄어든 일본은 여전히 디플레이션 속에 있음이 확인된다. 멕시코는 미국에 진출하려는 국가들이 우회하는 생산기지인데도 임금이 하락했다. 독일은 성장 폭이 적을 수밖에 없는 선진국인데도 2008년 금융위기 이후 고성장을 누려 임금이 40%나 올랐다. 그 결과, 남유럽 국가의 인재들이 독일로 몰려오고 있다.

제조업 임금의 변화를 보면 국가 간 경제 활력도가 대조적이다. 과거에는 서민층과 상류층 사이에 100 정도 부(富)의 격차가 있었다면, 지금은 300 그리고 향후에는 500, 600으로 차이가 커질 것이다. 양극화는 전 세계 모든 국가에서 가장 중요한 사회문제가 되고 있다. 노력과 혜안으로 부와 명예를 획득한 사람은 소수이고, 불법적인 상속, 부패, 자산투자 등으로 상류층에 오른 비중은 여전히 높기 때문이다. 각국 정부가 복지나 조세정책으로 양극화를 해소하려고 노력하지만, 아직까지는 별로 나아지지 않고 있다.

　　그러나 큰 맥락에서 보면 양극화 원인이 점차 사람 간 능력 차이로 옮겨가고 있는 것이 확인된다. 한국에서도 주식을 7,500억 이상 보유한 주식 부자 50명 중 19명이 자수성가형이다. 미국 등 선진국에서는 이 비율이 훨씬 높다. 앞으로는 능력 없이 부모의 상속만으로 성공하기가 더욱더 어려워질 것이다. 혼돈스러운 세상에서 물려받은 재산을 지키기도 만만치 않을 것이다. 국가 간 차이도 해당 국가 국민들의 능력 차이가 본질이다.

　　경제학자 타일러 코웬(Tyler Cowen)은 『4차 산업혁명 강력한 인간의 시대』(Average is Over)에서 노동시장의 양극화를 예상하며 '평균의 시대는 끝났다'고 주장했다. 즉, 평범한 중간적 과업을 수행하는 노동자와 인재 간에 격차가 크게 벌어진다는 것이다.

트리플 카오스

기술은 발전하는데 왜 우리 삶은 나아지지 않고 때로는 후퇴하는 것처럼 느껴질까? 첫째, 2008년 글로벌 경제위기를 계기로 세계는 저성장, 저금리, 고실업으로 상징되는 대전환기에 진입했다. 성장과 팽창의 시대가 끝난 것이다. 그리고 '전환형 복합위기'가 닥쳐왔다. 둘째, 4차 산업혁명이 인간의 일을 기계가 대체하도록 만들고 있다. 르네상스와 산업혁명을 지나 수백 년간 이어온 인류의 행위양식 전부가 기계로 대체되는 시대에 진입했다. 4차 산업혁명은 그 자체로 혁명이면서 동시에 전환형 복합위기를 타개하는 중요한 해법이기도 하다. 공교롭게도 두 가지 거대한 변화가 동시대에 나타났다는 게 그나마 불행 중 다행이다. 셋째, 한국은 압축성장하는 과정에서 만들어진 권위주의, 부패, 주입식 교육 등을 여전히 털어내지 못하고 있다. 그래서 세계적 차원의 공통적 위기를 맞아서 한국인의 충격은 더욱 크다. 가히 트리플 카오스(Triple Chaos, 4차 산업혁명+전환형 복합위기+한국의 특수성)라 할 만하다.

과거에는 정부의 적극적인 경기부양책 등으로 위기에서 벗어나곤 했다. 더 큰 위기가 닥치면 창조적 파괴로 그 위기를 기회로 만들었다. 1930년대 대공황 때는 국가가 시장에 적극적으로 개입하면서 자본주의의 방향을 틀었다. 자동차, 가전, 항공기 같은 혁신적인 발명품이 나오면서 대공황에서 벗어날 수 있었다. 국가가 시장에 개입하거나 과학기술혁신으로 위기에서 벗어나곤 했다. 지금도 한국을

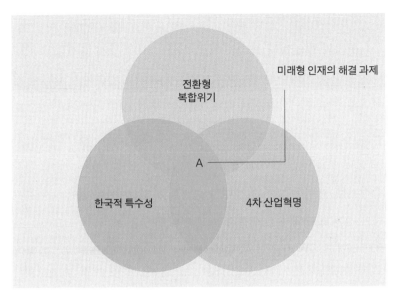

트리플 카오스의 해결자는 인재

비롯한 다수 국가에서는 이런 식의 처방에 매달리고 있다. 그러나 이번에 닥친 쓰나미는 과거 방식으로 해결할 문제가 아니다. 포괄적이고 역사적인 변화라서 지구상의 모든 것에 영향을 미치고 있다. 그렇다고 과거로 회귀할 수도 없다. 새로운 전환에 대응하는 생각, 태도, 처방은 과거와 완전히 달라야 한다. **이번에는 '확실히' 다르다!**

　우리 시대의 세 가지 불확실성은 곧 미래형 인재가 해결해야 할 과제가 된다. 전환형 복합위기라는 역사적 변화와 4차 산업혁명, 양적 성장의 한계에 빠진 한국만의 특수성이 중첩되는 영역인 'A'를 해결하는 사람이 바로 인재다.

투자의 현인이라 불리는 워런 버핏이 평생 팔지 않겠다고 했던 주식이 바로 코카콜라 주식이다. 그런데 최근 코카콜라가 심각한 경영난을 맞고 있다. 2013년 대비 2016년 북미 지역 매출이 절반으로 줄었다. 동 기간 종업원 숫자는 30% 이상 감축했다. 코카콜라는 회사 설립 후 131년 만에 가장 큰 위기에 직면한 것이다. 코카콜라가 팔리지 않는 이유는 어린 세대가 줄어들고 있고, 재정이 어려워진 여러 나라가 콜라에 설탕세를 부과했기 때문이다.

일본에서는 지난 20여 년간 병맥주 판매가 거의 3분의 1로 줄어들었다. 고령자가 차가운 맥주를 기피하기 때문이다. 우리한테는 어떤 변화가 일어나고 있을까? 한국에서는 조만간 수학능력시험을 치르는 인원보다 대학 입학 정원(전문대학 포함)이 많아지게 된다. 그 이유도 인구감소와 고령화에서 찾을 수 있다.

이번에는 공급과잉 문제를 살펴보자. 21세기 초반에 세계적인 대기업으로 성장하던 웅진그룹, STX그룹, 대우조선이 몰락한 이유는 주된 사업 영역에서 공급과잉이 발생했기 때문이다. 2만 5천 개에 육박하는 동네 치킨집도 마진이 줄면서 폐업이 속출하고 있다. 경쟁이 치열해지면서 제품 가격이 하락하니 생존할 방법이 없다. 대규모 조선 기업이나 동네 치킨집이나 공통적으로 공급과잉에 시달리고 있다.

거대 기업이나 평범한 자영업자가 위기에 걸려 넘어지는 것은 세상의 기초 원리가 완전히 바뀌었기 때문이다. 바로 '전환형 복합위기'다. '전환'이란 기존의 질서가 붕괴되어 이전에는 경험하지 못한 세계로 진입하고 있다는 뜻이다. '복합위기'는 모든 것, 즉 전부가 변화하는 과정에서 발생하는 위기라는 것이다. 또 지구상의 모든 사람과 시스템이 영향권에 있다는 말이기도 하다.

18세기 중반에 태동한 산업혁명 이후 인류는 과학기술의 발전을 이룩하고 부를 축적했다. 빈곤율이 낮아지고 수명은 연장되었다. 그로부터 3백여 년은 '성장'과 '팽창'의 시대였다. 지금까지 우리는 산업혁명 이후에 만들어진 지식과 제도 속에서 살아왔다. 그러나 21세기 들어와서(정확히는 2008년 글로벌 경제위기 이후) 세계는 이전과 전혀 다른 모습으로 전환되고 있다. 성장과 팽창의 시대가 끝나면서 우리가 모르는 시대로 시스템이 바뀌는 특이점에 도달한 것이다.

전환형 복합불황의 원인들

3백여 년이나 유지된 원리가 바뀌는 이유는 무엇일까? 다음과 같이 일곱 가지로 정리된다. ① 환경오염이 경제성장을 가로막을 정도로 악화되고 있다. 성장에서 얻는 편익보다 치유 비용이 더 늘어가는 경계에 도달한 모습이다. ② 인구감소는 어떤가? 현재 우리 사회의 모든 시스템은 인구가 늘어가는 피라미드 인구구조를 전제로 하고 있다. 그러나 출산율 저하로 인구구조는 역피라미드 형태로 변하고 있다. 사회의 기초 체계가 붕괴하고 있는 것이다. 그런데 앞에서 얘기했듯이 콜라와 맥주 회사, 사립대학은 인구감소를 감안하지 못한 채 몰락하고 있다. ③ 공급과잉 역시 두드러지는 문제다. 과학기

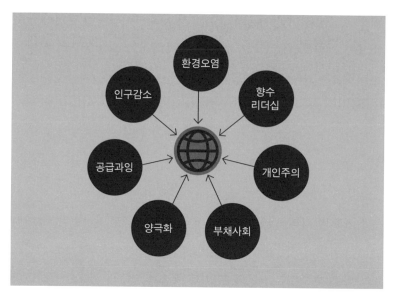

전환형 복합불황의 7가지 원인

술의 발전으로 생산성이 증가하면서 모든 산업에서 공급과잉이 발생하고 있다.

한편, 전 세계적으로 중산층이 줄어들면서 ④ 양극화 갈등도 심해지고 있다. 양극화는 모든 국가에서 정치, 경제, 사회의 기초 구조를 취약하게 만들고 있다. 전 세계가 ⑤ 부채사회로 변했다고 해도 지나친 말이 아니다. 지금은 거의 모든 국가에서 금리가 역사상 가장 낮다. 일본, 독일, 스위스 등은 마이너스(-) 금리정책을 펴기도 했다. 각국 정부는 낮아진 금리로 국채를 발행해서 경기 부양에 사용했다. 개인들은 대출을 받아서 주택을 구입했다. 기업은 금리가 싸니 과감하게 투자했다. 그 결과 세계는 역사상 가장 많은 빚더미 속에 있다.

지금까지 언급한 다섯 가지 요인은 산업혁명 이후 최초의 변화이거나 인류 역사에서도 거의 처음 발생한 현상이다. 따라서 개인들이 각자 답을 찾는 일은 거의 불가능한 만큼 공동체에 헌신하면서 함께 변화를 모색해야 한다. 그러나 극도로 위축된 사람들은 자신의 안위만 생각하는 ⑥ 개인주의에 빠져 있다. 실정이 이런데도 세계 각국의 리더그룹은 현상을 오판한 과거형 정책과 대응을 양산하고 있다. 바로 과거를 그리워하고 그때 배운 것을 써먹으려는 ⑦ 향수(鄕愁) 리더십이다. 이렇듯 바뀌지 않는 이유는 그들도 과거형 人災이기 때문이다.

일본의 아베 수상은 취임 이후 4년 동안 318조 엔을 시중에 풀었다(2016년 말 기준). 위조지폐를 남발한 것이나 마찬가지다. 재정 적자도 123조 엔 늘었다. 일부에서 아베의 성공을 칭찬하지만, 이 정도 자금을 투여하고 2016년에 1% 성장한 것이 성공일까? 만일 한국에 이 정도 자금이 투하되었으면 10% 넘게 성장했을 것이다. 향수 리더십으로 미래를 만들 수는 없다. 이런 상황을 보고 2017년 5월 구로다 하루히코(黑田東彦) 일본은행(BOJ) 총재는 "경제학 교과서를 그대로 적용할 수 없는 상황이어서 답답하다"라고 말했다. 물가를 올려서 경제성장을 견인하려 노력하고 있지만 상황이 여의치 않다고 하소연하기도 했다. 구로다 총재는 세계가 전혀 다른 차원으로 빠르게 전환되고 있는 점을 간파하지 못한 것이다.

여기서 주목할 점은 각 원인이 분리된 것이 아니라는 사실이다.

동시에 발생해서 서로 영향을 주고받는다. 그 결과 시스템 전환 속도가 빨라지고 때로는 악화되기도 한다. 예를 들어 환경오염을 치유하기 위해 태양광발전을 늘리는 정책이 필요한 경우를 생각해보자. 아직 기술발전이 더디기 때문에 정부는 보조금을 지급해야 한다. 그러나 정부는 재정적자에 시달리기 때문에 보조금을 줄 수 없다. 이때 사회의 리더들은 미래를 위해 과감히 결단해야 한다. 과거 지향적인 향수 리더십에 빠진 지도자들은 국가 재정만 생각해서 포기할 것이다. 반대로 새로운 미래형 인재들은 국가 보조금을 지급해서라도 환경을 지키고 관련 산업을 육성할 것이다. 바로 독일이 그렇다. 독일은 환경오염에 맞서 신재생에너지 사용 비중이 30%를 넘겼다. 일곱 가지 요인이 서로 얽혀서 상황을 악화시킨다 해도, 독일과 같이 훌륭한 해법을 찾을 수 있다. 물론, 매우 드문 사례이긴 하다.

4차 산업혁명, 아무도 모르는 길에 들어서다

세계적인 고급차 기업 BMW는 2017년 3월 가솔린과 디젤 등 기존의 화석연료와 이별을 선언했다. 전기차가 주력 생산 시스템에 편입될 것이라며 생산 공정과 라인을 전면 개편하겠다는 의지를 밝혔다. 현재 전기차는 BMW 전체 생산량의 2.6%에 불과하다.

벤츠도 2025년까지 전체 생산량의 4분의 1을 전기차가 차지할 것이라고 선언했다. 포스코 광양제철소에서는 후판 제조 공정에 인공지능(AI) 기술을 적용한 결과 불량률이 18%에서 12%로 크게 떨어졌다. AI 기술을 좀 더 활용하게 되면 불량률 제로(0)도 가능할 것이라고 한다. 4차 산업혁명이 만들어낸 변화이고 혁신이다.

4차 산업혁명은 산업 구분 없이 펼쳐지고 있다. 어린아이부터 대통령까지, 선술집에서 다보스포럼까지, 인공지능기업부터 굴뚝기업까지 4차 산업혁명은 인류의 구세주처럼 회자되고 있다. 4차 산업혁명에 대한 관심이 커진 것은 그만큼 전환형 복합위기가 현실화되고 있기 때문이다. 4차 산업혁명으로 모든 위기를 돌파할 수 있다고 믿는 모양세다.

4차 산업혁명은 이전의 산업혁명과는 완전히 다른 개념이다. **지속적으로 변화하는 과정으로 이해해야 한다.** 전환형 복합위기와 마찬가지로 영원히 지속될 새로운 추세의 시작으로 봐야 한다. 인간의 본성을 바꾸고, 인간과 기계가 하나가 되는(合一) 과정이다. 인간의 고유한 특성을 기계가 이해하고 복제한다는 것은 인류가 출현한 이후 처음 있는 일이다. 시간과 공간을 초월한 기계와 인간 간의 전쟁을 주제로 한 영화〈터미네이터〉의 스토리가 현실화될지도 모른다. 세계적 석학인 이스라엘의 유발 하라리(Yuval Noah Harari)는 『사피엔스』(Sapiens)와 『호모 데우스』(Homo Deus)에서 인공지능이 인류를 파괴시킬 여지를 열어두었다.

4차 산업혁명은 두 가지 면에서 과거의 산업혁명과 차이가 있다. 진화의 산물인 인간이 생명공학 기술의 발전으로 스스로 진화하기 시작한 것이다. 질병 치료를 넘어 인류가 자신의 진화과정에 개입하면서 기존의 능력을 뛰어넘는 사람들이 탄생하고 있다. 인간에 대한 근본적인 관점이 변화하고 있다. 미래의 인재는 전혀 새로운 종족과 함께 살면서 이들을 리드해야 할지도 모른다.

또 다른 변화는 스스로 학습할 수 있는 기계를 만들어낸 것이다. 특히 4차 산업혁명의 기초가 되는 인공지능(AI)이 중요하다. IT 기술과 AI의 본질적 차이는 자기학습 능력에 있다. IT 기술은 인간이 조작해야만 가동된다. 그러나 AI는 스스로 지식을 축적하고 의사결정을 내린다. 과학기술의 발전에도 불구하고 사람만이 할 수 있던 통역, 예술, 자동차 등의 운전, 바둑과 같은 지능 스포츠에서 기계가 조금씩 사람을 따라잡기 시작했다. 이런 현상을 보고 일본 소프트뱅크의 손정의 회장은 30년 내에 AI의 IQ는 1만을 넘을 것이라고 예측하기도 했다. 미래의 역사가 어떻게 될지 지금은 아무도 모른다.

4차 산업혁명 돌파의 주인공은 인재다

일본의 패션업체 유니클로의 야나이 다다시(柳井正) 회장은 자신들의 경쟁자가 아마존이라고 말한다. 아마존은 빅데이터를 이용해 고객의 취향을 정확히 알아낸다. 야나이 회장은 자칫하면 유니클로가 아마존의 '정확한' 주문을 수행하는 하청업체(OEM)로 추락할까 우려하는 것이다. 대부분의 국가에서 인터넷 은행은 유통업체와 짝짓기를 한 후 은행들과 경쟁하고 있다. 한국 호프집의 경쟁자는 동네 소형 '마트'다. 마트에서 술과 냉장 포장된 치킨 등 안주거리를 구입한 뒤, 전자레인지로 데워서 마트 앞 파라솔에서 술을 마시는 사

4차 산업혁명은 기득권을 가진 자에게는 위험하고,
반대로 도전자에게는 기회가 된다.
기술은 누구에게나 평등하다.
인재는 기득권이 존재하지 않는 4차 산업혁명의 현장에서
변화의 방향과 속도를 따라잡아야 한다.

람이 늘고 있다. 야외라서 흡연도 가능하니 고객이 몰려든다. 이렇게 기업 경영에서 복잡성이 크게 높아졌다. 과학기술의 발전, 사람의 태도 변화, 다양한 경쟁 상품 등이 빠르게 진행되고 있다.

어느 것 하나 안정적인 것이 없어졌다. 불확실성이 기초 환경이 된 것이다. 불확실성이 높아진다고 해서 모두에게 위기는 아니다. 아마존이나 인터넷 은행처럼 기존 강자들을 일거에 제압하면서 성장할 수 있다. 이제는 누구나 기회를 잡을 수 있는 시대이다. 중국, 인도 등 이머징 마켓 기업이 人災가 경영하는 선진국 대기업을 쉽게 추월할 수 있게 되었다. 향후 국가나 기업의 규모, 산업의 성격을 불문하고 불확실성은 전방위로 확산될 것이다. 그래서 4차 산업혁명은 기득권을 가진 자에게는 위험하지만 반대로 도전자에게는 기회가 된다. 기술은 누구에게나 평등하다. 인재는 기득권이 존재하지 않는 **4차 산업혁명의 현장에서 변화의 방향과 속도를 따라잡아야 한다.** 지금은 AI가 막 시작되는 단계다. 머지않은 미래에 사람만 할 수 있는 일은 점점 줄어들 것이다. 세상의 근본이 흔들리는 상황에서 미래의 인재는 과거의 인재와 확실히 달라져야 한다. 전환형 복합위기와 같이 4차 산업혁명은 인재가 활동하는 공간 자체를 완전히 바꿔놓고 있다. 결국 4차 산업혁명의 근본 개념에 대한 이해는 미래형 인재가 갖춰야 할 필수 요소다.

끊임없이 출현하는 IT 기기 사용 능력은 더욱 중요해질 것이다. 모든 지식은 인터넷에 보관되어 누구나 쉽게 접근할 수 있다. 로봇을 광범위하게 사용하면서 인건비 비중이 더욱 낮아질 것이다. 소비자

취향의 변화는 빅데이터로 실시간 측정할 수 있다. 그동안 사람이 수행하던 업무가 상당 부분 기계로 이동되면서 사람이 하는 일은 창조적인 분야로 축소될 것이다. 2015~2016년 중 〈포춘〉(Fortune) 500대 기업 CEO들은 가장 중요한 도전과제로 '급속도로 진행되는 기술적 변화'를 1위로 꼽았다. **공장에 종업원이 거의 없다면 굳이 제조업체에서 리더십을 고민할 필요가 있을까?** 최근 세계 최강 한국의 반도체 산업에 20조 원을 신규 투자했지만, 일자리는 900개만 늘었다고 한다. 언제, 어떤 디자인으로 무슨 기능을 하는 제품을 만들어낼지만 고민하면 될 듯하다. 창조적인 것만이 사람의 업무가 될 것이다.

이런 근본적인 변화에도 4차 산업혁명 전도사들의 주장에 필적하는 파격적인 변화가 가까운 시일 내에 가시화되기는 어렵다고 본다. 앞서 큰 의미를 부여한 것은 방향성이 그렇다는 얘기다. 속도에 대해서는 아직 여유가 있어 보인다.

향후 4차 산업혁명은 세계가 나아가는 방향타 역할을 할 것이다. 이 책의 주제와 관련해서 보면, 4차 산업혁명을 주도할 인재, 즉 미래형 인재의 필요성이 더욱 커지고 있다는 점을 강조하고 싶다. 그럼에도 **현재의 인재는 4차 산업혁명으로 빠르게 人災로 바뀔 것이다. 인재는 4차 산업혁명에 선전포고를 해야 한다.** 재앙이 되지 않으려면, 새로운 시대에 단순히 적응하는 것이 아니라 주도적으로 시대를 배우고 때로는 바꿔나가야 한다.

한국인은 다르다

한국의 현대사는 독특하다. 한국의 경제력은 세계 13위권이다. 스스로 민주화를 이뤄냈고, 다양한 종교가 공존하는 포용성도 있다. 또한 대학 진학률이 80%에 이를 정도로 세계 최고 수준의 국민으로 구성되어 있다. 독자적인 문자를 보유했고, 거의 모든 예술 분야가 발달한 문화 국가이기도 하다. 스포츠도 세계적 수준이다. 더욱 놀라운 것은 이러한 모든 성취를 한국전쟁 후 불과 60여 년 만에 이뤄냈다는 점이다. 지금까지 한국이 이뤄낸 성과는 모두 세계 기록이고 기네스북에 영원히 등재될 만하다.

그러나 양(量)적인 경제성장의 속도만 챙기면서 60여 년을 달려온 결과, 지금 한국은 성취의 후유증 또한 세계 최고 수준이다. 저성장이 고착화되면서 성장 속도가 급격히 떨어지자 수면 아래에 있던 질(質)적인 문제가 드러나기 시작했다. 물론 이념, 기득권, 빈부격차, 세대, 환경, 지역, 종교 등의 차이에 따른 사회적 갈등은 전 세계 어느 국가에나 존재한다. 중동 지역은 종교 갈등이 심하고, 유럽은 환경이나 이념의 갈등이 강하듯이, 국가마다 겪는 갈등의 종류는 다르다. 그러나 **한국은 모든 갈등이 동시에, 그것도 가장 심하게 나타나는 나라다.** 추가로 대기업과 중소기업의 갈등, 수도권과 지방의 갈등 등 새로운 갈등이 연속해서 출현하고 있다. 갈등뿐 아니라 집착도 대단하다. 한국적 폐단으로 지적되었던 학연, 지연, 혈연에 따른 연고주의는 오히려 강해지는 추세다.

이런 한국의 특수성을 잘 이해하고 한국에 맞는 합당한 대안을 마련해야 인재가 될 수 있다. 만일 마이크로소프트의 빌 게이츠(Bill Gates), 애플의 스티브 잡스(Steve Jobs)가 한국에서 사업을 시작했으면 성공했을까? 성과를 높이려고, 또는 구조조정을 하려고 직원들을 전방위로 압박할 때 종업원들이 따라줄까? 우스갯소리로 스티브 잡스가 한국에서 태어났으면 전파사 주인, 빌 게이츠는 피시(PC)방 주인이 되었을지 모른다는 말이 있다. 투자의 달인 조지 소로스(George Soros)도 지난 20년간 한국에서 별 재미를 못 봤다. 그만큼 한국은 사회문화적으로 글로벌 기준과 차이가 크게 나고 여러 면에서 독특하다. 경영은 이런 모든 것을 감안해야 한다. 인재는 조직을 포위하고 있는 외부 환경을 잘 이해해야 하고 때로는 환경을 바꾸는 것도 인재의 책무다. **한국적 상황을 고려해야 진정한 인재다.**

'속도전'이 남긴 유산

후발 주자인 한국은 사회 기초 시스템을 미국에 가까운 서구형을 모델로 해서 경제개발을 시작했다. 서구형 시스템은 길게 보면 15세기 르네상스시대부터 서서히 형성되다가 18세기 중반 산업혁명을 계기로 지금까지 수정 보완되어왔다. 이렇게 서구사회가 장기간에 걸쳐 만든 시스템의 저변에 흐르는 사상을 흔히 '근대성(近代性, modernity)'이라고 한다. 근대성은 서구사회의 근간을 이루는 사회철학이다. 보통선거, 기본적 인권, 시장경제와 같은 제도는 이 원리에 기초한다. 또 효율성, 합리성 등 서구 발전의 원동력이 된 철학적 기준도 근대성이다.

역사가늘은 근대성을 성취해야 현대사회로 진보할 수 있다고 주장한다. 서구는 거의 5백여 년에 걸쳐 근대성을 습득하면서 '현대'에 도착했다. 이 과정에서 많은 갈등과 시행착오를 겪었다. 오랜 시간에 걸쳐 습득한 결과, 서구의 시민이나 사회조직은 근대성의 DNA를 보유하고 있다. 지금 한국에 절실히 필요한 효율성과 합리성, 민주주의, 복지국가의 이념을 서구는 유전자로 보유하고 있다.

아쉽게도 한국은 근대성을 깊이 있게 체득할 시간 여유가 없었다. 1960년대 초반부터 시작한 경제개발 기간이 너무 짧았다. 근대성을 연마할 시간이 거의 없었던 것이다. 빈약한 근대성을 보유한 채 전환형 복합위기와 4차 산업혁명이라는 사상 초유의 위기에 노출되었다. 국가 전체가 속도전을 벌이다 갑자기 급제동이 걸린 것이다. 마치 고등학생이 주택문제, 노후문제 같은 50대 부모의 문제에 직면한 셈이다. 한국의 갈등과 다양한 문제는 대부분 근대성의 결핍에서 온다. 최근에는 '적폐(積弊)', 즉 오랫동안 쌓이고 쌓인 폐단이 이슈가 되고 있다. 근대성이 충분했으면 적폐는 생기지도 않았을 것이다. 근대성이 사회 모든 분야에 녹아들어 합리성과 효율성에 기반을 둔 사회가 되면 그 사회는 건강해진다. 비록 늦었지만, 한국은 근대성을 높여야만 앞으로 나아갈 수 있는 시점에 도달했다. 미래의 인재라면 이런 점에도 관심을 기울이고 개선해야 한다.

특히 한국은 글로벌 시장으로 나가야 생존할 수 있는 수출 중심 제조업 국가인 만큼 글로벌 보편 사고체계인 근대성이 절실하다. 경제와 사회 발전을 위해서는 물리적 투자도 중요하지만 부족한 근대성을 채우는 일이 시급하다. 근대성은 특정 지식이 아니다. 생활방식으로 뇌와 몸속에 체득되어야 한다. 오랜 시간에 걸쳐 개인과 조직의 문화에 스며들어야 한다. 그러나 한국은 60여 년간 '최소의 투입으로 최대의 성과'를 내는 속도전과 효율성 중심 사회였다. 부정청탁금지법(일명 김영란법)은 청렴이라는 근대성을 단칼에 만회하려는 시도로 보인다. 그러나 근대성은 오랜 시간 몸에 익혀 자연스럽게 발현되는 것이다. 법률로 강제하면 오히려 부작용이 커진다.

근대성이 부족한 한국의 기업문화

근대성이 부족한 한국의 특수성을 무시한 정책과 전략은 쓸모가 없다. 특히 인재 육성과 리더십, 조직관리 등은 한국의 특수한 상황과 역사성, 문화 등을 감안해서 만들어야 한다. 기업문화 측면에서 근대성의 세 가지 사례를 살펴보자.

- 실리콘밸리나 유대사회에서는 자신의 성공을 도와준 사람이 아니라 젊은 창업자를 돕는 일에 몰두한다. 성과를 사회에 환원하고 또 다른 성공을 유발하기 위해서다. 세대를 잇는 투자가 이어지고 있다.
- 구글 창업주 래리 페이지(Larry Page)와 세르게이 브린(Sergey Brin)은 2001년 에릭 슈미트(Eric Schmidt)를 자신들 회사의 CEO로 영입했다. 창업자들은 경영 능력이 부족했기 때문에 자신들

을 이끌어줄 CEO를 공들여 찾아냈다. 두 창업주는 10년이 넘게 진문경영인의 지휘를 받았다. 한국에는 전문경영인 문화가 있는가?

- 아이폰 생산기업인 중국 팍스콘의 모기업 홍하이정밀(2016년 매출 1,370억 달러, 종업원 106만 명)의 궈타이밍 회장은 재산이 약 8조 원이다(〈포브스〉 집계). 그는 자기 재산의 90%를 기부하기로 공증까지 마쳤다. 전체 사회를 위한 희생정신이다.

이런 생각과 행동이 기업의 근대성이다. 경영진이 이런 철학으로 경영한다면 어떤 심각한 문제도 일거에 해결할 수 있다. 참으로 부러운 일이다. 그렇다면 한국은 어떤가? 굳이 설명이 필요 없을 것이다. 물론 한국에도 이런 위대한 경영자가 늘어나고 있다. 하지만 속도가 너무 느리다. 더 많은 한국의 리더가 여전히 연고관계에 치중한다. 도덕적 흠결도 많은 편이다. 이런 기업에서는 인재가 나올 수 없다.

일부 대기업은 국내에 인재가 없으니 해외에서 수준급 인재를 영입하기도 한다. 해외에서 영입한 인재는 기업문화와 근대성의 격차를 이겨내지 못하고 조기에 퇴사하는 경우가 많다. 이런 기업에 미국의 리더십 이론이나 조직이론이 적용될까?

중견 A그룹은 21세기 들어 주력 사업의 한 분야가 유동성 위기를 겪었다. 창업주 2세인 그룹 총수는 임원진의 무능에서 원인을 찾았다. 총수는 그룹 내 임원들을 대규모로 해임했다. 빈자리에는 국내 최고 기업의 퇴임 임원을 수십 명 영입했다. 그 결과는 어땠을까? 오히려 더 나빠졌다. 이 그룹은 다른 기업보다 급여 수준이 낮았다. 비록 월급은 적어도 끈끈한 상하관계로 명맥을 유지하고 있었는데 정들었던 임원들이 동시에 퇴임하니 직원들은 분노했고 회사 분위기는 냉소적으로 바뀌었다. 초대형 기업에서 영입된 임원들은 과거 자신이 근무했던 기업의 문화와 직원들의 눈높이에서만 일했다. 그러니 수준 차이가 컸을 것이다. 이런 불안정한 상황이 2~3년 계속되자 이번에는 영입됐던 임원들이 모두 물러났다. 적응하기가 어려웠던 것이다. 이 사건을 계기로 해당 그룹은 금전적 손해뿐 아니라 기업문화의 파괴라는 손실까지 입었다. 한국만의 특수성이 기업 간에도 서로 다르게 존재한다.

한국인의 심리를 파고들어야 한다

한국만큼 리더들이 새벽 조찬모임에서 다양하게 공부하는 나라가 있을까? 인터넷, 스마트폰의 발전으로 독서량이 현저히 줄고 있지만, 경영 관련 서적은 수십만 부씩 판매되는 책이 해마다 나온다. 기업들은 많은 사내외 연수를 통해 직원을 직접 공부시킨다. 대기업 부장급만 되면 경영이론은 거의 박사급이라 해도 지나친 말이 아니다. 그러나 아무리 좋은 생각과 논리, 아이디어일지라도 경영 현장에서 사용할 수 있어야 한다. 이들이 공부하는 내용은 현업에 적용하기 어려운 것이 대부분이다. 경영의 주체이자 대상인 사람, 조직, 사회문화의 특수성을 전혀 감안하지 않은 내용만을 공부하고 있다. 리더십, 인재관리, 조직관리 등 경영의 많은 부분에서 한국적 특수성을 배경에 깔고 글로벌 스탠더드를 도입해야 한다.

경영 대상이 되는 직원들의 마음속으로 들어가보자. 한국인은 한국만의 독특한 문화에 익숙하다. 한국의 근대성 부족을 오히려 즐기는(?) 경우도 있다. 이들에게 글로벌 스탠더드로 경영을 해봤자 잘 먹히지 않는다. 태국 현지 공장 주재원이라면 태국인의 심리와 문화를 읽으려고 노력해야 한다. 태국인의 심리구조를 파악한 후 경영전략을 수립하고 실행하면 성공 확률이 더욱 높아질 것이다. 공무원의 행정 업무는 유럽에서 하는 것이 아니다. 한국에서 한국인을 대상으로 한다는 점을 명심하자! 카이스트는 총장을 외국인으로 임명한 후 글로벌 명문대학의 시스템을 도입했다. 그러나 결과는 오히려 퇴보한 느낌이다. 급기야 다시 한국인 총장이 부임했다.

우리는 앞으로가 더 문제다. 기업에 입사하는 젊은 직원이나 학생들은 사고방식과 행동이 중장년층과 매우 다르다. 이들은 성장 과정에서 부모의 중점 관리를 받았다. 부모가 모든 생활에 간섭하면서 아이 스스로 할 수 있는 일이 거의 없어졌다. 아이를 끌어주려고 아이와 함께 공부하는 '페이스메이커' 엄마까지 출현하고 있다. '헬리콥터맘'과 '캥거루족'이 가족을 이루어 살고 있다. 이들은 혹시 새로운 종족은 아닐까?

미래창조과학부에 따르면 스마트폰 사용자 18%는 일상생활에 지장을 받을 만큼 스마트폰을 과도하게 사용하는 스마트폰 중독자라고 한다. 특히 10대 청소년 중 스마트폰 중독자가 30%나 된다고 한다. 이미 많은 학생이 게임중독자이기도 하다. 한국행정연구원에 따르면 신분 상승의 사다리가 끊어지면서 반사회적 경향도 커지고 있다고 한다. 노력에 따른 성공 가능성을 평가한 항목의 평균은 4점 만점에 2.4점에 불과했다. '노력=성공'이라는 공식이 통하지 않는다는 인식을 보여준 것이다. 2016년 조사에 따르면 취업 과정이 불공정하다는 시각도 무려 68%나 된다. 오죽하면 자신의 인맥을 보완하려고 대학에 '인맥 동아리'가 유행할까?

이런 인성적 특징은 청년층만의 문제가 아니다. 중년층도 정도 차이만 있을 뿐 큰 그림에서는 비슷해지고 있다. 조직 내에서 성장하기가 어려워지면서 관료적 업무 행태를 보이거나 개인적 일에만 몰입하는 부류가 늘고 있다. 맞벌이 부부가 늘면서 육아 부담으로 일에 대한 몰입도가 불가피하게 낮아지기도 한다. 이런 특성이 있는 직원들을 과거의 리더십으로 지휘할 수 있을까? 글로벌 기업의 사례를 얘기하면 따라오겠는가? 인재는 **한국적 특성뿐 아니라 그가 속한 조직 구성원 개개인의 성장 과정까지 파악해야 한다.**

한국인의 위험한 정신건강 수준

통계적으로도 한국인의 정신건강은 아주 허약한 것으로 나타난다. 건강보험심사평가원에 따르면, 한국인 4명 중 1명은 평생에 걸쳐 정신질환을 한 번은 앓은 경험이 있다고 한다. 우울증으로만 치료받은 환자 수가 2009년 55만 명에서 2013년 66만 명으로 20% 가까이 늘었다. 2015년 기준 자살자도 인구 10만 명당 26.5명으로

OECD 선진국 평균인 12명에 비해 현저히 많다. 한국의 공황장애 환자는 2012년 이후 5년간 두 배 증가해서 10만 명을 넘어섰다. 특히 사회 활동을 왕성하게 하는 30~50대가 70%가량을 차지했다.

보건사회연구원의 설문조사 결과에 따르면 한국인은 엄청난 피해의식 속에서 살고 있다고 한다. 국민 대부분이 '인지적 오류'를 범하고 있다는 말이 된다.

인지적 오류란, ① 어떤 일을 결정할 때 사람들이 내 의견을 묻지 않았다고 해서 나를 무시하는 것으로 생각하는 것, ② 하나를 보면 열을 안다고 판단하는 것, ③ 내가 다가가자 사람들이 하던 이야기를 멈추면, 나에 대해 안 좋은 이야기를 하고 있었다고 생각하는 것, ④ 세상 모든 일은 옳고 그름으로 나뉜다고 판단하는 것, ⑤ 최악의 상황을 먼저 생각하는 것 등이다. 이 다섯 개 항목 중 한 개 이상에 대해 '그런 습관이 있다'고 답한 사람이 91%에 달했다. 과거의 잘못과 실수, 실패를 되새기는 '반추(反芻)'는 82%, 어떤 일을 시작하기 전부터 시간이 부족하거나 잘못되지 않을까 생각하는 '걱정'은 71%였다. 자신을 가치 없는 인간으로 여기는 '자신에 대한 부정적 사고'는 60%, 미래에 대한 희망이 없는 '무망'과 어려운 일에 직면하면 회피하는 것이 최선이라고 보는 '자기 도피'는 동일하게 약 48%였다.

정서적으로 한국인의 부정적 성향도 강화되고 있다. 미래도 없고 타인과 관계도 항상 의심하고 있다는 것이다. 부정적 성향이 강한 사람에게 동기를 부여하기는 더욱 어렵다. 논리가 통하지 않기 때문이다. 불안감에 싸이면 사람은 오직 생존에만 관심을 둔다. 외부와 담을 쌓기도 한다. 멀리 보고 판단하지 않는다. 눈앞의 불안에만 집중한다. 불안과 위험지수가 상승할수록 기업에서는 노동생산성이 떨어지고 발전이 더뎌진다. 사회 갈등도 확산된다. 심리 상태가 이런 직원이나 조직원에게 '솔선수범하자'고 했을 때 과연 그것을 실천할 수 있을까?

모두 인재가 되기를 원하지만 인재가 되려고 노력하기보다는 불안 회피에 치중하고 있다는 것이 솔직한 심리 상태 아닐까? 그래서 한국의 리더에게는 다른 나라 리더보다 더 강력한 리더십이 필요하다. 더 정교해야 하고 때로는 교활할 필요도 있다.

인재 격차 사회의 도래

미래를 위해 우리는 무엇을 먼저 준비해야 할까? 많은 전문가가 경영전략, 마케팅, 리더십 등에 관심을 쏟는다. 이전에는 기업 경쟁력이 대부분 전략과 리더십의 차이에서 발생했기 때문이다. 과거에는 변화 속도가 느리고 단순했다. 사회 분위기도 온정적이었다. 이런 환경에서는 전략적 지식이 풍부한 조직이 훌륭한 리더십으로 경영하면 승리할 개연성이 높았다. 또 하청업체를 압박해서 납품단가를 낮추고 비용을 통제해서 이익을 짜내기도 했다. 기존 매출처와 장기간 우호 관계를 유지해왔기 때문에 어지간한 불황에도 매출을 유지할 수 있었다. 그러나 지금은 경쟁자가 누군지 모를 정도로 사회가 복잡해졌다. 사회 전체에서 과서의 지식과 경험의 효용성이 사라지고 있기 때문에 가장 중요한 경쟁 무기가 창의성으로 바뀌었다.

전지현 선글라스로 유명한 스눕바이는 독특한 매장과 마케팅 방식으로 브랜드 가치를 높여왔다. 매출 1,500억 원대인 이 회사는 세계적 명품업체 루이비통 계열의 금융회사에서 회사가치를 1조 원대로 평가받으면서 무려 2천억 원을 단번에 투자받았다. 창의성만 있으면 이제 자본은 무한히 조달할 수 있다. 과거의 경쟁력이었던 기술이나 인력은 기업 인수합병(M&A)으로 흡수할 수 있다. 마케팅 역시 빅데이터가 중요한 수단으로 떠올랐는데, 이제는 누구나 사용할 수 있는 무기가 되었다. 우리는 복제할 수 없는 것들을 창의적이라고 말한다. 창의성을 갖춘 인재만이 문제를 푸는 열쇠를 가지고 있다. 그렇다고 초인적 능력을 지닌 몇몇 사람만 미래형 인재라고 지칭하지는 않는다.

2016년 한국의 커피 산업 규모는 250억 잔, 약 9조 원대였다. 스타벅스는 2016년 매출 1조 원을 넘겼다. 스타벅스는 고가 정책을 고수하면서 항상 새로운 서비스를 먼저 도입한다. 매장은 단순히 커피를 마시는 장소를 넘어 문화공간으로 자리매김하는 브랜드 가치까지 갖췄다. 그 결과 매장당 매출도 다른 커피전문점보다 2~3배나 많다. 이디야 커피는 저가 커피로, 투썸플레이스는 다양한 디저트를 무기로 고성장하고 있다. 반면 카페베네는 경영난에 시달리고 있다. 커피전문점에서도 창의성 경쟁이 벌어지는 것이다. 여기서 혁신의 차이는 경영자 한 사람이 만들어내는 것이 아니다. 전체 직원의 작은 아이디어가 쌓여 큰 변화를 이뤄낸다. 커피전문점에서 새로운 서비스를 개발하는 사람이나 이를 채택해주는 리더도 인재다. 복잡하고 역동적인 시대에는 개인의 빠르고 창의적인 대응이 중요하다.

★ ★ ★

아직까지는 한국에 미래형 인재가 많이 보이지 않는다. 앞으로도 단시일 내에 크게 늘기는 어려워 보인다. 과거에 집착하는 생각 습관과 아이디어를 억누르는 교육 시스템 때문에 창의성이 오히려 퇴보하고 있다. 그 결과, 인재를 확보하기 위한 경쟁이 치열해질 수밖에 없다. 최근 기술기업에서 빈번하게 발생하는 기업 인수합병은 인수 기업의 사업뿐 아니라 인재 영입에 목적이 있는 경우가 많을 정도다. 전 세계적으로 인재전쟁 시대가 열리고 있다고 보면 틀림없다.

변화의 폭과 방향을 제대로 예측하는 사람, 미래사회에 필요한 능력을 갖춘 사람이라면 과거보다 훨씬 더 많은 혜택을 누릴 것이다. 반면 과거 방식으로 일하는 사람들의 삶은 가혹해질 것이다. 실제로 능력에 따른 성과와 보상의 차이가 엄청나게 벌어지고 있다. 사람의 능력과 태도(사고방식, mindset)에 따른 '빈익빈 부익부' 현상은 이제 막 시작되고 있다. **새로운 시대를 열어가는 인재 중심의 시대가 열리고 있는 것이다. 앞으로 세상은 1~2%의 인재가 부(富)와 명예를 독차지하는 극심한 불균형 시대가 될 것이다. 누가 인재로 살아남을 것인가?**

2장

미래형 인재의 능력과 철학

철

인재는 항상 학습하고 유연하며
변화를 추구한다.
그것이 차이의 시작점이며,
삶의 철학이 있어야 진짜 인재다.

변화에 대응하는 방법은? 첫째, 변화를 적극 수용한다.
둘째, 변화를 회피한다. 하지만 이 두 가지 모두 행복을 주지 못한다.
일단 변한다는 것 자체가 어려운 일이다. 주변을 봐도 마흔이 넘으면
사람이 좀체 달라지기 어렵다. 살아온 세월의 관성이 있기 때문이다.
그런데다 달라진 세상에서는 변화를 적극 수용해도 결과가 좋지 않
을 가능성이 과거보다 매우 높아졌다. 1인 미디어 시대에는 대중과
직접 소통해야 한다고들 해서 유명인사들이 페이스북에 글을 쓰고
팟캐스트에도 출연한다. 그러다가 페이스북 '화마'에 휩쓸린 사람들
이 한둘이 아니다. 그렇다고 세상을 등지고 살 수도 없다.

욜로(YOLO, You Only Live Once)라는 말이 유행한다. 인생은 한
번뿐이니 후회 없이 산다는 것이다. 한 번 사는 세상인데 변화를 좇

아 허둥지둥 뛰어가다가 망가지고 만다면? 혹은 세상의 외톨이로 남는다면 삶에서 무슨 의미를 찾을 수 있을까? 변화에 휘둘려서도 안 되지만 변화에 눈 감아서도 안 된다. 눈앞의 현실을 염두에 두고 [觀], 자기만의 잣대[哲]로 세상과 만날 때다. 여기서 말하는 철학에는 달라진 세상을 배우는 방식도 포함된다. 인재는 자신의 철학을 완성하기 위해 부단히 노력하고 항상 공부한다. 자기만의 철학이 있으면 쉽게 흔들리지 않는다. 역사적인 대전환기에도 소신을 갖고 뚜벅뚜벅 미래로 걸어나갈 수 있다.

미래형 인재는 상식에서 출발한다

30여 년 전 회사에 들어가 처음으로 칭찬받은 일은 생수물통을 뒤집어 생수통 정수기에 깔끔하게 올린 것이다. 통상 10kg 정도 되는 물통을 뒤집다 보면 흘리거나 손으로 출구를 막기 때문에 위생에 좋지 않았다. 이렇게 1년 정도 지점의 허드렛일을 했다. 통상 신입사원이 처음 했던 생수통 정수기와 복사기 관리 업무는 이제 외주업체에서 처리해준다. 그럼 요즘 신입사원들은 무엇을 할까?

누구나 중요한 일을 하고 싶어 한다. 전문성이 있어야 급여도 높다. 人災는 기본기를 연마하면 바로 고급 업무를 수행하고 싶어 한다. 어떤 기업이든 돈을 많이 버는 부서에는 지원자가 넘쳐난다. 인센티브가 많을 것이라고 보기 때문이다. 경제가 발전하면서 업무의 전문성은 더욱 고도화되고 있다. 그러나 명문대학교를 졸업하고, 교환학생을 하고, 인턴 경력이 있다고 해서 전문성이 높은 부서에 지원해봤자 받아주지 않는다. 과거에는 전문성이 높은 부서에 신입사원이 입사하면 오랜 시간에 걸쳐 교육을 했다.

최근에는 부서나 본부별로 성과를 측정하고 인센티브를 지급하는 독립채산제가 일반적이다. 해당 조직의 구성원들은 매년 자신들의 수익을 최대화하려고 노력한다. 이런 조직에 전문성이 없는 사원이 있다면 그는 비용일 뿐이다. 전문성을 확보한 경험자를 외부에서 스카우트하는 것이 오히려 비용이 적게 든다. 기본 기술 없이 전문 영역에 도전해봤자 바로 도태된다. 기대치는 높으나 현실에서 따라갈 수 없다면 좌절과 분노로 인생을 망칠 수도 있다.

인재는 긴 호흡으로 생각한다. 기본기를 충실히 쌓기 위해 차근차근 다양한 학습을 한다. 남들은 기피하는 영업부서도 마다하지 않는다. 회사 전체 흐름을 이해하려 노력하고 자신에게 부족한 기초 지식을 겸손하게 배운다. 이런 친구들은 회사 안에 금방 소문이 난다. 기본기를 탄탄하게 갖추었고 조직 마인드도 우수하니까 이 기반 위에 전문성의 탑을 쌓을 수 있기 때문이다. 내가 근무했던 회사에서는 지점 영업직을 잘 수행하는 우수한 대리급 인재가 인기가 많았다. 본사의 전문성 있는 부서에서는 이들을 전문요원으로 키우려고 눈여겨봐둔다. 이들이 어느 정도 성장하면 전문성 높은 부서에서 사내 스카우트에 나선다. 이 과정에서 관계된 임원들이 갈등을 빚기도 한다. 어떤 조직이든 처음 입사하면 사소한 일부터 한다. 시간이 지나면서 기본기를 익히고 서서히 전문적 역량을 기르는 순서를 거친다. 기본이 가장 중요하다는 의미다. 기본이 바로 상식이다.

전문지식 vs 상식

거의 20여 년 전 부장으로 재직할 당시 직원들과 함께 대구 출장을 다녀올 때다. 동대구역에서 서울로 올라오는 새마을호를 탈 예정이었는데 시간이 별로 없었다. 이때 막내였던 입사 3년차 직원이 먼저 개찰구를 지나서 플랫폼으로 뛰어갔다. 기차가 잘 있는지, 우리가 탈 객차가 어느 위치에 서 있는지 등을 미리 확인하겠다고 시키지도 않은 일을 한 것이다. 나름 의전이라고 생각한 모양이다. 그런데 그가 허겁지겁 달려와서는 "부장님, 큰일 났습니다. 기차가 없어요" 했다. 그가 조직의 막내로서 출장 스케줄을 챙긴 것은 그때가 처음이었다. 그는 부유한 집안에서 자라 여행을 갈 때 부모님의 자가용을 타거나 누군가의 보살핌을 받으며 성장해왔다. 그러다보니 고속버스와 같이 동대구역에는 항상 서울행 기차가 서 있는 줄 알았던 것 같다. 동대구역을 지나는 새마을호는 대부분 부산에서 출발하고 동대구역은 경유하는 역일 뿐이다. 그러니 당연히 기차가 시간에 맞춰 역에 들어오는데 그걸 몰랐던 것이다. 그만큼 그는 살아가는 데 필요한 상식이 없었다. 올라오는 기차 안에서 사정 얘기를 듣고 모두 크게 웃었다. 무척 창피해했던 그는 열심히 노력해서 지금은 벤처기업 대표를 맡고 있다.

人災는 상식보다는 자신만의 독특한 지식을 우선 탐닉한다. 웬

만한 상식은 인터넷에 다 있기 때문에 연마할 필요가 없다고 생각한다. 스스로 세상의 창을 좁게 열어두는 것이다. 물론 전문성이 강조되는 시대이기 때문에 상식보다는 차원이 높은 지식에 투여하는 시간이 많아야 한다. 그러나 지식을 습득하는 데는 순서가 있다. 기초지식을 먼저 습득한 후 전문지식으로 관점을 확대해야 한다. 인재는 나이 구분 없이 항상 상식에 관심이 많다. 학생이나 사회에 막 진출한 청년층은 상식 습득에 왕성한 식욕을 보여야 한다.

상식은 '습관'이다

어느 날 마음먹고 공부한다고 상식이 쌓이지는 않는다. 어릴 적 세계지도가 그려진 책받침에서 각국의 수도 찾기 게임을 한 경험이 있을 것이다. 이런 놀이 경험이 쌓여 해당 국가에 대한 뉴스가 나오면 관심을 갖게 된다. 또 해당 국가에 대한 기초 상식도 얻게 된다. 여행도 상식을 쌓는 데 도움이 된다. 그냥 노는 것이 아니라 그 지역에 대해 인터넷 검색을 해본 후 방문하면 점점 상식의 그릇이 커진다.

요즘 한국 기업들은 대학 레벨을 크게 고려하지 않는다. 사람 됨됨이, 즉 인성이나 상식을 중요하게 생각하는 기업이 늘고 있다. 반면 구글은 신입사원을 채용할 때 출신 학교를 중요시한다. 창의성을 중시해서 학교 레벨을 크게 고려하지 않는 요즘 추세와는 반대다. 구글과 한국을 포함한 여타 나라 기업이 다른 것은 인성과 교육 시스템에 대한 시각에 차이가 있기 때문이다. 미국의 명문대에서는 실력뿐 아니라 인성을 강조하기 때문에 구글은 명문대 학생을 뽑는다. 창조기업인 구글로서는 전문지식은 구글이 세계 최고이니까 입사 후 자체적으로 교육하면 된다고 판단한다. 창조적인 작업을 하려면 그릇의 크기가 더 중요하다고 보는 것이다. 반면 한국은 어떤 교육기관에서도 인성과 상식을 가르치지 않기 때문에 학교 차이보다는 개인 차이로 사람을 판단한다. 둘 다 인성과 상식을 중요하게 보지만, 교육환경이 다르기 때문에 이런 차이가 발생하는 것이다.

2014년 하반기, 해태제과의 '허니버터칩'이 과자 시장을 강타했다. 품귀현상이 벌어져 한 봉지에 1천 원 하는 과자가 중고장터에서 5천 원에 거래되기도 했다. 허니버터칩의 포인트는 두 가지다. 짠맛이 나는 감자칩을 단맛으로 바꾼 점과 발효가 되지 않는 꿀을 발효해서 만들었다는 것이다. 왜 단맛 감자칩은 없을까? 꿀을 발효하면 어떤 맛이 날까? 상식을 파괴하는 접근이었다. 이 과자의 개발자는 상식을 파괴한 것이다. 결국 '상식을 알아야 상식을 파괴'하는 창의성이 나온다. 풍부한 상식이 인재가 갖춰야 할 첫 번째 능력이다.

국영수 vs 백과사전

어떻게 상식을 연마할까? 사람은 뇌가 말랑말랑한 청소년기에 어떤 지식을 배우느냐가 중요하다. 순수 학문이나 예체능계에서 최초에 어떤 선생님에게 배웠는지가 평생을 좌우하는 것과 같은 이유다. 따라서 상식은 학창 시절에 넓히는 것이 가장 좋다. 나이가 어릴수록 기억이 오래 보존되기 때문이다. 또 지식을 축적하는 초기에 상식의 그릇이 커야 나이가 들어가면서 많은 지식을 담을 수 있다. 기초가 크고 튼튼해야 한다는 뜻이다.

그러나 한국은 정규교육이나 사교육에서 상식을 전혀 가르치지 않는다. 가정에서는 더욱 심하다. 자녀에게 필요한 상식적인 일을 부모가 대신해주기도 한다. 고교를 졸업할 때까지 人災가 될 사람은 국영수에 올인한다. 우리 교육체계가 그렇기 때문이다. 다른 지식이 흡수되면 국영수 지식이 날아갈까 봐 일부러 그것을 무시하기도 한다. 반면 인재는 백과사전식으로 공부한다. 틈만 나면 다양한 책을 읽는다. 대화 과정에서 모르는 개념이나 단어가 나오면 즉시 스마트폰으로 검색해서 내 것으로 만든다.

아쉽게도 우리 교육체계는 국영수 편중이 너무 심하다. 수능 전체 배점 400점 중 국영수가 300점으로 무려 75%나 차지한다. 국영수는 다른 공부를 잘하기 위한 도구 학문이다. 국영수를 잘하면 다른 학문도 잘할 수 있다는 것을 전제로 한다. 맞는 말이다. 그러나 현재의 국영수 교육은 문제풀기에만 집중한다. 수학은 개념을 이해하는 것이 중요하다. 그러나 현실에서는 문제를 푸는 '유형'과 '요령'만 배운다. 논술도 마찬가지다. 몇 년 전 나는 명문대의 논술시험 문제를 보고 경악했다. 올더스 헉슬리(Aldous Huxley)의 『멋진 신세계』(Brave New World), 조지 오웰(George Orwell)의 『동물농장』(ANIMAL FARM) 같은 세기의 고전이 출제된 것이다. 나도 이런 책이 역사적으로 중요한 의미가 있는 것은 알고 있었지만 미처 읽지는 못했다. 한국 학생들의 독서와 논술 실력이 대단한 것으로 생각되어 부끄러웠다.

그러나 부끄러움은 며칠 후 분노로 바뀌었다. 이 책을 사러 인근 서점에 들렀더니 50~100쪽 정도의 얇은 문고판으로 핵심이 요약된 책이 즐비했다. 고전조차 본인이 읽고 느끼는 것이 아니라 사교육을 받으며 요약해서 암기하는 것이다. 이른바 '가짜 독서(Fake Reading)'다. 일부 학원에서는 독서 과제물을 대신 써주고 5~10만 원을 받기까지 한다고 한다. 이런 교육을 받은 사람이 사회로 나온다. 장기적으로 이들이 창의성을 갖출 개연성은 거의 없다. 창의성은 어느 날 갑자기 떠오르는 것이 아니다. 어떤 현상을 보고 자기 상식을 재조합하는 과정에서 전혀 다른 결론을 내는 것이 창의성이다. 따라서 창의성은 상식에서 출발한다.

창의성은 상식에서 나온다

한국인이라면 아마 '백양 메리야스(BYC)'를 입어보지 않은 사람이 없을 것이다. 백양은 '쌍방울'과 함께 그야말로 '국민 속옷'이었다. 그러나 속옷 패션 시대가 열리면서 백양은 일시적으로 경영위기를 맞았다. 2014년 백양은 '보디 드라이'라는 제품을 출시했다. 입으면 시원해지면서 땀 등 수분을 빨리 말려주는 보디 드라이는 '교복 안에 입는 기능성 속옷'이자 '여름에 꼭 입어야 하는 에티켓 의류'로 입소문이 났다. 이후 매년 65%씩 매출이 올랐다. 보디 드라이 아이디어는 너무 평범하다. 이전부터 등산용 기능성 속옷이 유행했다. 백양은 이를 땀이 많이 나는 학생들을 위한 속옷으로 바꾸면서 젊은이를 대상으로 신선한 마케팅을 한 것뿐이다. '아저씨 속옷'에서 젊고 활동적인 이미지로 회사 체질이 단번에 바뀌었다. 누구나 아는 상식을 약간 비튼 결과 완전히 다른 회사가 되었다.

요즘 호텔은 투숙객이 숙면을 취하게 하는 서비스 경쟁을 벌이고 있다. 인테리어, 베개, 소음관리 등 다양한 시도가 경쟁적으로 벌어지고 있다. 이 문제에 대한 해답을 국영수를 잘했다고 해서 찾을 수 있을까? 인공지능은 어떤 해답을 낼까? 세상의 많은 문제는 풍부한 상식과 경험에서 해결책이 나온다. 그래서 역사, 지리, 과학도 국영수 못지않게 중요하다.

실제 사회생활에서는 상식적인 차원이 90% 이상일 것이다. 창의적인 판단과 의사결정은 실상 10%나 될까? 컴퓨터공학과를 나온 인재 중 컴퓨터를 설계하는 인력 비중이 얼마나 될까? 아주 적을 것이다. 나머지 졸업생은 컴퓨터와 관련된 생산, 마케팅, 기획 등의 영역에서 일하거나 전혀 다른 분야에서 일할 것이다. 이들에게 필요한 능력은 상식이다.

2016년 프랑스 고교 졸업 시험(바칼로레아)에서 철학 시험 문제는 '노동을 덜 하는 게 더 잘사는 것인가?', '우리는 언제나 우리가 욕망하는 것을 아는가?', '욕망은 본래 무한한 것인가?', '우리의 도덕적 확신은 경험에 기초하는 것인가?'였다. 수험생은 이 중 하나를 택해 네 시간 동안 논술을 작성하면 되었다. 한국에서 교육받은 학생이라면 도저히 작성할 수 없는 내용이다. 이 시험을 통과하려면 우선 상식이 풍부해야 한다. 상식이라는 터전 위에서 인문학과 철학을 이해해야만 답할 수 있어 보인다. 교육 특히 시험전문가인 이경숙 박사에 따르면, 한국의 고3 학생들은 고등학교 3년간 평균 75권의 문제집에서 약 9만 문제를 푼다고 한다. 이렇게 많은 문제를 풀어봤자 바칼로레아 시험을 통과하기는커녕 문제를 이해할 수도 없을 듯하다. 우리는 전혀 쓸모없는 것을 열심히 배우고 있는 게 아닐까?

상식은 체득되는 지식이다. 상식이 엮여야만 지혜가 되고 창조적 결과물이 나온다. 상식은 잡식성이다. 상식은 습관이기 때문에 매일 쌓아야 한다. 언론에서 다양한 정보를 장기간 습득하면 저절로 쌓이기도 한다. 일반상식 책을 자주 읽는 것도 좋다. **인재의 평상시 생활은 상식을 쌓아가는 과정이다.** 상식을 습관적으로 쌓아야 하는 또 다른 이유는 상식도 진화하기 때문이다. 과거에는 상식이었으나 지금은 쓸모없게 된 지식이 너무 많다. 반대로 새로운 상식이 빠르게 출현하고 있다. 사회의 관리자 계층일수록 트리플 카오스로 상식이 변하고 있음을 인정해야 한다. 세상을 바라보는 잣대가 바뀌었는데 과거의 상식에 매몰되어 있으면 고사될 확률이 높다. 더 성장하려면 중년층도 새로운 상식을 쌓아야 한다. 진화하고 창조되는 상식을 채우려면 누구나 늘 깨어 있어야 한다. "신은 디테일 안에 있고(God is in the detail), 디테일에서 창의력과 혁신이 발휘된다"라는 서양 속담은 상식의 중요성을 강조한 말이다.

스펙 vs 인성

2~3년 전부터 학력과 관련된 중요한 변화가 나타나고 있다. 고졸 출신이 약진하고 있다. 정부 관청에서도 출신학교는 인사 평가

에서 중요성이 낮아지고 있다. 재벌그룹들에서도 지방대 등 이른 바 'B'급대학 출신의 임원 승진 비율이 높아지고 있다. 또 다른 변화는 같은 회사에 오래 다닌 공채 출신들이 CEO에 오르는 경우도 늘고 있다는 것이다. 모두가 스펙 쌓기에 열중하지만 현실에서는 그 중요성이 줄어들고 있다. 2016년 국내에서 박사학위를 받은 인원 중 40%가 백수라고 한다. 서울대 출신 박사도 무려 25%가 직업이 없다고 한다. 스펙이 필요 없어진 것인가?

'SKY서성한' 다음 대학

내가 다닌 회사의 팀장 몇 명에게 어느 대학 출신이 일을 가장 잘하느냐고 물어본 적이 있다. 공통적으로 명문대학인 'SKY서성한' 다음 대학이라는 의외의 대답을 했다. 10위권 내외의 대학 출신들과 일하고 싶다는 것이다. 'SKY서성한' 다음에 위치한 학교 출신들은 명문대학에 대한 콤플렉스로 더 열심히 일한다고 한다. 또 중고등학교 때 사교육을 다소 적게 받고 적당히 놀아도 봐서 융통성이 있다고 한다. 부모들도 상대적으로 개방적이어서 독립심이 강하다면서 칭찬을 아끼지 않았다. 한국만의 '웃픈' 현실이다. 기초 지방자치단체장 222명의 학력을 살펴보면 방송통신대가 23명으로 가장 많다. 고려대 16명, 서울대 11명이고 나머지 대학들은 별 차이가 없다. 2016년 기준 국내 500대 기업 CEO 중 SKY 출신 비율이 50% 아래로 떨어졌다. 현재 500대 기업 CEO들은 1957~1958년생이 많다. 그러나 고교평균화와 대학 입학정원제로 대학에 진학한 1962년생

CEO가 늘어나면 학교에 따른 CEO 편중 현상은 점차 줄어들 전망이다. 이는 스펙에 대한 사회적 인식이 빠르게 바뀌고 있음을 시사한다.

이런 상황에서도 요즘 학생들의 스펙 쌓기는 너무 과하다. 취업하기 어려우니까 이력서를 화려하게 채운다. 그러나 채용담당자로서는 스펙이 화려한 지원자는 그 부모가 능력이 있는 것으로만 본다. 실제 채용 과정에서 스펙은 점점 중요성이 약해지는 추세다. 참고로 내 자기소개서에는 1986년 2월 대학교 졸업 및 입사, 2016년 12월 말 퇴사 외에 적을 게 없다. 人災는 스펙으로 일생을 산다. 자신의 스펙을 항상 자랑스럽게 생각한다. 자신보다 스펙이 못한 사람들을 멸시하기도 한다. 화려한 스펙으로 항상 자긍심을 충전한다. 기성세대도 마찬가지다. 사람에 대한 인식과 평가를 학력, 재산, 가족관계 등 스펙으로 파악하려는 경향이 강하다. 기업에서 사람을 채용할 때는 그 사람의 능력, 품성, 조직 융합력 등 인재로서 소양 등을 다양한 면접에서 검토한다. 스펙은 이미 지원서에 모두 있다. 족보까지 알 필요는 없다.

심리 상태가 불안정한 사람이나 테러리스트가 대기업 내부에 숨어 있는 경우를 상상해보자! 이들은 그 회사의 전산망에 침투해서 일거에 시스템을 마비시킬 수 있다. 이런 위험은 트리플 카오스, 특히 4차 산업혁명이 가져온 결과다. 이제 세상은 모두 연결되어 서로 영향을 주고받는다. 따라서 북한이나 기업 안의 테러분자들이 사이버 테러에 나서면 그 피해는 가늠하기조차 어려울 정도다. 그러다보니 트리플 카오스로 인성의 중요성이 더욱 부각되고 있다. 학교 교육은 기업에서 거의 쓸모없다. 따라서 직원을 채용하면 회사에서 다시 교육을 한다. 그렇다면 먼저 인성이 좋은 직원을 뽑아야 한다. 한국에서도 공중파 방송 기자가 성차별, 지역차별을 일삼는 '일베저장소' 회원이라고 해서 논란이 된 적이 있다.

물론 인재도 좋은 스펙을 쌓으려고 노력해야 한다. 그러나 스펙이 전부는 아니다. 또 스펙도 변화한다. 스펙은 보여주기 위한 것이 아니라 본인의 전문성을 높이는 것이 되어야 한다. 과거에 각광받던 스펙이 이제는 무용지물이 되기도 한다. 반면 필요 없던 스펙이 새롭게 중요해지기도 한다.

스펙도 변한다

그동안 각광받았던 중국 칭화대(淸華大) 유학생의 차별성이 사라지고 있다. 칭화대 출신이 너무 많아졌기 때문이다. 또 중국어에 능통하면서 한국어도 잘하는 중국 유학생이 평균 6만~7만 명씩이나 한국에서 공부하고 있다. 중국어에 대한 차별성이 줄어든 것이다. 오히려 내륙 깊숙한 충칭이나 베트남, 인도네시아 유학이 더 좋은 스펙으로 인정받는다.

미국 하버드대는 수험생 개개인의 인성을 비중 있게 본다. 미국 대학수학능력시험(SAT) 만점을 받고도 떨어지는 학생이 있다. 2010년 하버드대 케네디스쿨 입시에서 흥미로운 사건이 있었다. 최종 면접에 스펙이 뛰어난 홍콩대 출신 여학생과 네팔 출신의 평범한

HARVARD UNIVERSITY
하버드대 면접관은 무엇을 중요하게 보나

사람 됨됨이가 바르고 인정이 있는가

타인과 조화하며 조직에 융화할 수 있는가

남을 배려하고 어려운 이를 도울 줄 아는가

실패하거나 좌절했을 때 극복할 수 있는가

지인들로부터 어떤 신뢰를 받고 있는가

창의성과 리더십, 유머와 센스를 갖고 있나

새로운 도전 상황에서 어떻게 대처하는가

자료 : 조우석 전 하버드대 케네디스쿨 입학사정위원

국내 기업
국내 기업은 채용할 때 무엇을 중시하나

항목	비율
도덕성·인성	23.5%
팀워크	13.6%
문제해결 능력	13.6%
인내력	13.3%
의사소통 능력	10.4%
도전정신·열정	10.3%
회사와 직무에 대한 이해	9.1%
직무 관련 기초 지식	6.2%

자료 : 한국직업능력개발원
(2016년 12월, 500대 기업 인사 담당자 설문조사)

남학생이 올라왔다. 그런데 무난히 합격이 예상됐던 여학생은 면접관들에게서 교만하다는 평가를 받고 떨어졌다. 반면 남학생은 부족한 스펙에도 '교육환경이 열악한 네팔 청소년들을 위해 봉사하고 싶다'는 진심이 전해져 합격했다.

최근에는 협업이 강조되면서 학교생활 중 다양한 커뮤니티 활동이 중요한 스펙이 되고 있다. 군대를 장교로 다녀온 사람들을 우대하기도 한다. 조직을 지휘한 경험과 협업 능력을 중요하게 보기 때문이다. 앞으로 최고 스펙은 협업 능력이 아닐까? 사회 전반에 개인주

GOOGLE
구글이 신입사원 채용 시 중시하는 5가지

학습능력	IQ가 아니라 필요한 정보를 한데 모으고 새로운 것을 배우는 능력
새로운 리더십	팀의 구성원으로서 협업을 이끌어내는 리더십과 팔로어십
지적 겸손	다른 사람의 아이디어를 포용하고 배우려는 자세
책임감	공적인 문제를 자신의 것처럼 생각하는 주인의식
전문지식	해당 분야의 전문성, 그러나 5가지 중 가장 덜 중요

#학점·시험점수 등은 큰 영향 안 미침

자료 : 라즐로 복 인사담당 수석부사장(〈뉴욕타임스〉 칼럼 '구글에 취업하려면' 중에서 발췌)

의 성향이 강해지면서 협업의 중요성이 커지고 있다. 협업 능력이 뛰어난 사람은 경청, 배려, 역할분담을 잘한다. 위의 표는 하버드대와 구글, 한국의 대기업이 면접할 때 중요하게 생각하는 요인이다. 한국의 학교에서 가르치는 것은 아예 없다. 학원 선생님도 모르고 부모는 더 모른다. 국영수와도 관계없다. 혹시 자녀를 人災로 만들고 있지는 않은가?

철학을 가지고 목표를 향해 간다

나는 일본이 1990년부터 전환형 복합위기에 빠진 여러 원인 중에 국가 차원의 목표를 잃게 된 것을 가장 중요하게 본다. 제2차 세계대전에서 패한 일본은 미국을 따라잡자는 'Catch Up'이 국가 전체의 목표였다. 경제력으로 미국을 추격하는 것은 물론 사회문화와 개인의 생활방식에서도 미국을 따라잡으려고 온힘을 쏟아부었다. 그 결과, 1985년쯤 경제적으로 미국을 추월하는 성과를 달성했다. 바로 이때 일본은 국가 목표를 상실했다. 높은 경제성장률에 대한 관성으로 사상 최악의 부동산과 금융 시장의 버블을 만들어냈다. 사회문화 측면에서 미국을 따라잡지 못한 상태에서 1990년 버블이 붕괴되자 국가 전체가 뒤죽박죽되었다. 그 이후 26년째 허덕이고 있다.

개인도 마찬가지다. 누구나 생각 없이 그냥 살지는 않는다. 일하고 공부하는 것도 목표가 있어야 몰입할 수 있다. '내일은 자전거를 타야겠다'와 같이 가까운 미래조차 소망이 있어야 동기부여가 된다. 목표는 '지향점'이기도 하다. 인생은 삶의 목표를 정하고 이를 실천해가는 과정이다. 따라서 목표가 없으면 인생이 의미 없어지게 된다. 우리의 두뇌와 몸은 쓸수록 개발된다. 최근 연구에 따르면 목표가 명확할 때 두뇌와 몸이 더 빠르게 움직인다고 한다.

인재는 일 처리 능력이 평균치를 훌쩍 뛰어넘는다.

그러나 일부러 백 퍼센트 몰입하지 않고 여유를 갖는다.

감정을 잘 다스려 원하는 결과를 이끌어내는 능력,

즉 감정지능이 높기에 가능한 일이다.

인재에게는 인생 전체를 관통하는 철학이 있기 때문에 한 발 물러설 수 있다.

지금 수행하는 과제보다 더 중요한 삶의 목표가 뚜렷하다.

소망형 목표 vs 삶의 목표

목표는 모든 행위의 원인이 된다. 확실한 목표를 가지고 살아가는 사람은 풍기는 분위기부터 다르다. 깊은 고민과 굳은 의지가 느껴진다. 많은 어려움을 거치면서 다듬어진 내공이 보인다. 쉽게 지치지도 않는다. 인재의 품격이 외부로 나타나는 것이다. 그가 풍기는 범접하기 어려운 아우라는 궁극적인 핵심 목표를 지향하면서, 매일 작은 목표를 달성해간 흔적으로 볼 수 있다. 그래서 목표 자체뿐 아니라 목표를 달성해가는 과정도 중요하다. 실제로 목표를 정하는 것보다 달성해가는 과정에서 더 많은 노력이 필요하다. 목표는 누구나 비슷하지만 목표를 달성하는 방법은 사람마다 차이가 크다.

人災는 목표가 없거나 있어도 크게 개의치 않는다. 설사 목표가 있어도 적절히 관리하지 못하고 일상생활에서도 별로 의식하지 않는다. 과정 관리가 전혀 안 된다. 그냥 당장의 편안함에 안주하면서 별 생각 없이 살아간다. 목표도 본인이 원하는 높은 수준에 머무는 것이 일반적이다. 예를 들어 '사장'과 같이 조직의 장(長)이 되는 것과 같은 조직에서의 소망이나 '부자'와 같이 금전적 성공을 목표로 삼는다. 이런 것은 목표가 아니다. 그냥 '소망'이고 허망한 '꿈'이다.

인재의 목표는 두 가지다. 첫 번째 목표는 人災와 마찬가지로 본인이 성취하고 싶은 지위나 소망 등이다. 다만 인재는 구체적인 실행 계획을 가지고, 매일매일 삶 속에서 작은 실천을 지속한다. 조직의 대표가 목표라면 조직 전체 흐름을 이해하려 공부하고 발로 뛴다. 다른 조직원들을 내 사람으로 만들려고 다양한 소통의 장에 참여하기도 한다. 부자가 목표라면 나이별로 목표 금액을 정한다. 어떻게 저축과 투자를 할지 계획을 세우고, 매일매일 실천을 해나간다. 흔히 우리가 목표라고 하는 것은 이런 '소망형 목표'다. 꿈 또는 단순한 희망사항에 해당하는 소망형 목표는 거의 모든 사람이 한두 개씩은 가지고 있다. 그러나 철학이 부족한 사람은 소망형 목표를 달성해도 주변에서 존경받지 못한다. 오히려 비난받는 경우가 더 많다. 왜냐하면 소망형 목표는 치열한 경쟁의 결과물인 동시에 타인의 패배를 전제로 하는 경우가 많기 때문이다.

인재에게는 더 중요한 목표가 있다. 평범한 사람과 인재를 구별하는 목표다. 자신이 살아가는 동안 도달하고 싶어 하는 수준에 대한 목표다. '멋지게 산다', '해당 분야에서 한국 최고가 된다,' '용의 꼬리는 싫다. 닭 머리로 살겠다' 등과 같이 인간적인 지향점을 중요한 목표로 둔다. 다소 추상적이지만 오히려 더 중요한 목표다. 인재는 두 번째 목표인 '삶의 목표'를 첫 번째 소망형 목표보다 중요하게 여긴다. 모든 생활의 기준으로 삼는다. **소망형 목표와 삶의 목표가 모두 있는 사람만이 인재가 될 수 있다.**

많은 직장인이 40대 후반이 되는 무렵 대부분 목표를 상실한다. 생각은 많지만 목표를 정하지 못하고, 하루하루 걱정 속에서 그냥 시간만 보내는 경우가 많다. 삶의 나침반이 없으니 방향성을 상실한 것이다. 그의 목표 없는 방황을 부하직원뿐 아니라 상관도 감지하게 된다. 임원 진급을 향해 나아갈지, 아니면 적당히 생활할지를 놓고 고민한다. 소망형 목표만 놓고 고민하는 것이다. 이런 사람에게 줄 수 있는 해법은 삶의 목표를 먼저 가져보라는 것이다. 자신의 관심 분야에서 한국에서 최고가 된다든지, 남들에게 사랑을 나눠주는 것과 같은 봉사 등 삶의 목표가 있다. 이를 열심히 추진하면 소망형 목표를 이루기도 쉽다. 멋있게 사는 것이 목표라면 찌질하게 직장생활을 하지는 않을 것이다. 의사결정을 장기적이고 큰 구도에서 할 것이다. 이런 삶의 목표를 실행해나가면 자연스럽게 소망형 목표도 이룰 수 있다. **경영자로서 함께 근무하고 싶은 직원은 삶의 목표가 뚜렷하고, 목표를 달성하려고 진지하게 앞으로 나아가는 사람이다.**

직업 선택에 대해서도 숙고가 필요하다. 요즘 청년들이 가장 선호하는 변호사, 한의사 같은 이른바 사(士)자 직업들은 공급과잉으로 위기를 맞을 것이다. 20년 전 IMF 외환위기가 닥쳤을 때 삼성전자나 은행에 취업한 사람과 신생 기업인 네이버에 취업한 사람 중에 지금 누가 더 행복할까? 모두 열심히 살았을 것이다. 삼성전자나 은행에 입사한 사람 중에는 임원으로 진급한 사람도 있을 것이다. 그러나 더 많은 사람이 입사 20여 년이 경과하면서 한직으로 물러나 있거나 희망퇴직했을 수도 있다. 반면 네이버는 지속적으로 성장해왔다. 굳이 희망퇴직을 안 시켜도 사내에 일자리가 충분했을 것이다. 또 네이버에서 근무한 경험은 훌륭한 경력이다. 관련 기업에서 좋은 조건으로 스카우트했을 수도 있다. 사주(社株)를 받아서 재산을 수십억 원대 모았을 수도 있다. 네이버는 처음 출범할 때 보이지도 않던 미미한 기업이었다. 그런데 지금은 누가 더 행복할까? 목표를 향해 몰입하는 것도 중요하지만 목표에는 미래의 변화를 반영해야 한다. 미래의 변화를 파악하면서 목표를 달성하는 과정을 유연하게 해야 한다. 이제 목표는 정지된 고정 타깃이 아니다. 예측불가능하게 움직이는 이동 타깃이다.

대응 vs 실천 계획

목표가 확실하면 자연스럽게 실천 계획을 세운다. 장기 계획뿐 아니라 하루하루 실행 계획을 세워야 한다. 오늘은 그가 세운 장기 계획의 일부이기 때문에 아침마다 오늘의 목표를 이루려면 작은 계획을 세우고 실천해야 한다. 통상 한국의 임원 인사는 발표 전날 통보된다. 발표 후 축하 인사와 회식이 이어진다. 관련 부서의 보고도 쏟아진다. 아무 준비 없이 임원 업무를 시작하는 것이다. 이런 이유로 진급한 임원이 담당 업무를 제대로 수행하려면 상당한 시간이 걸린다. 업무 영역이 넓어졌기 때문에 허둥대기 일쑤다. 人災가 바로 그렇다. 굳이 임원이 아니라도 목표가 없으니 계획도 없다. 본인에게 다가오는 수많은 과제를 원칙 없이 처리한다. 다양하게 생기는 과제에 건건이 대응하기 바쁘다. 길을 잃고 있는 것이다.

새로운 일을 맡거나 진급했을 때 업무 파악과 동시에 우선 장기 과제를 만들어야 한다. 일의 방향성부터 만드는 것이다. 인재는 목표와 그 목표를 달성하려고 계획을 세우는 습관이 있다. 가급적 많은 행동을 자신의 목표와 연계한다. 그리고 어떤 일이 중요한지, 무슨 일을 먼저 처리해야 하는지 등 우선순위를 정한다. 자신이 좋아서 하는 일인가? 시급한 일인가? 중요한 일인가? 출근하면서 머릿속에서 당일 처리할 일의 우선순위를 정하고 어떻게 처리할지 구상한다. 출근 후 밤새 발생한 새로운 정보를 감안해서 당일 처리할 삭은 목표를 수정하기도 한다. 이때 중요한 것은 메모다. 당일 처리할 일을 나열한 후 일처리 순서를 정한다. 시급한 일, 중요한 일, 미래를 위해 준비해야 할 일, 좋아하는 일 등을 나열해서 순서를 정하고 빠르게 처리한다. 이렇게 과제를 계획적으로 처리하면 시간이 단축되면서 여유 시간도 많아진다. 하루하루 최선을 다할 수 있다. 훌륭한 리더라면 적어도 오전 11시 이전에 그날 가장 중요한 일을 끝내거나 방향을 잡아야 한다. **큰 목표를 지향하면서 세부 계획을 세우고 실천하는 것이 습관이 되면, 자신이 좋아하는 일을 할 시간이 확보된다.** 여유 시간을 장기 목표를 이루기 위한 공부 시간으로 활용할 수 있다. 목표가 있어야 발전한다.

고집 vs 유연

고집이 센 사람에 대한 두 가지 시각이 있다. 줏대, 즉 소신이 있다는 긍정적 측면과 말이 통하지 않는 고집불통이라는 부정적 의미다. 자기 의견을 잘 바꾸지 않는다는 뜻이다. 반면 생각과 판단이 유연한 사람은 줏대는 약해 보이지만 누구와도 잘 어울린다. 인재는 기본적으로 유연하다. 부드럽고 유연해서 주변에 사람이 모인다. 주변 사람들이 그에게 호감을 갖고 있기 때문에 인재는 자신이 하고자 하는 일을 아주 쉽게 처리할 수 있다.

人災는 처음 정한 과제를 바꾸지 않는다. 자기 생각이 가장 뛰어나다고 생각한다. 나르시시즘에 빠져 자기 생각과 행동을 항상 '참'이라고 생각한다. 특히 21세기 청소년은 성장 과정에서 본인이 하고 싶은 것은 거의 다 해봤다. 부모는 칭찬이 교육에 좋다고 알기 때문에 습관적으로 칭찬을 했을 것이다. 그 결과 요즘 청년층은 중장년층보다 고집이 센 경향이 있다. 때로는 양보하고, 굴복당하기도 하는 사회성이 매우 부족하다.

미래의 인재는 삶의 목표는 물론 조직에서 소망형 목표를 꼭 가지고 있어야 한다. 다만 **목표는 고집스럽게 지켜가나 이를 실천하는 방법에 있어서는 유연해야 한다.** 과도하게 목표에만 집착하면 오히려 사회생활에 방해가 되기도 한다. 사장이 되려는 소망형 목표와 바르게 살자는 삶의 목표가 있어서 항상 모범생으로 살아가는 사람이 있다고 하자! 훌륭한 인생으로 보일 것이다. 그러나 그는 목표의 노예가 된 삶을 살 확률이 높다. 과도하게 몰입하면 삶이 건조해지고 주위에서 사람이 떠난다. 가끔 모범적 생활에서 일탈할 필요가 있다. 다른 사람의 충고를 진지하게 경청하고 실행해보는 것도 좋다. 자신보다 뛰어난 사람이 있으면 무릎을 꿇을 줄도 알아야 한다. 기업도 마찬가지다. 목표에 과도하게 집착하다 보면 환경 변화에 대응하기가 어려울 수도 있다. 또 직원들이 쉽게 지친다.

120% vs 80%

2016년 리우올림픽에서 두 가지 장면이 인상에 남았다. 여자 골프의 박인비 선수는 금메달이 확정된 순간, 담담한 미소와 함께 같이 경기한 선수와 그녀의 캐디를 안아주었다. 경기 진행요원에게도 친절하게 인사했다. 그런 다음 두 손을 번쩍 들고 환호했다. 다른 사례는 기적적인 역전승을 일궈낸 어떤 선수다. 그는 승리가 확정된 순간 마치 정신이 나간 듯 환호했다. 괴성을 지르며 경기장을 뛰어다녔다. 자신의 코치진과 승리를 자축했다. 그러나 상대 선수에게 인사하는 등의 다른 사람에 대한 배려는 아예 없었다.

박인비 선수는 운동도 열심히 하지만 항상 여유가 있는 듯하다. 반면 극적인 역전승을 거두고 환호했던 선수는 자기 운명이 달린 한 판에 너무 집착했던 것 같다. 스포츠맨십을 잊을 정도로 흥분한 모습이었다. 두 선수 모두 올림픽 준비는 120% 했지만 승패에 대한 반응은 달랐다. 박인비 선수는 승패를 한 걸음 물러서서 즐겼다. 역전승을 한 선수는 집착이 지나쳐 승패의 노예가 된 듯했다. 그의 경기는 역사에 길이 남을 명승부였고, 선수는 스타덤에 오를 만했다. 그러나 국내 언론은 이 선수를 소개하는 데 인색한 모습을 보였다. 120%의 집착이 오히려 해가 된 경우다.

자신에게 주어진 일이나 목표를 달성하려면 120% 이상 최선을 다해야 한다. 그러나 심리적으로는 해당 과제에 80% 정도 몰입하는 것이 좋아 보인다. 마음 한구석에서는 '이 과제가 전부가 아니다. 또 다른 과제도 있다', '이 일이 끝나면 다른 일도 있다'고 여유 있게 생각해야 한다. 하지만 120% 몰입하는데 어떻게 집착을 줄일 수 있을까? 이것은 인재만이 가능한 정신적 능력이다. 인재는 지금 수행하는 과제보다 더 중요한 '삶의 목표'가 뚜렷하게 있다. 모든 현상을 자신의 삶의 목표에 비추어서 판단한다. 이런 과정을 통해 인재는 삶의 목표를 인생철학으로 한 단계 도약시킨다. 인생 전체를 관통하는 철학이 있기 때문에 한 발 물러설 수 있는 것이다. **인재는 일 처리 능력이 타인의 120% 이상으로 높다.** 그러나 마음은 70~80%만 몰입한다. 이런 상태를 전문 용어로는 감정지능(Emotional Intelligence)이라고 한다. 감정을 잘 다스려 원하는 결과를 이끌어내는 능력을 말한다.

2017년 3월, 한 50대 남자가 호텔에서 뛰어내려 삶을 마감했다. 자살을 택한 이는 찰스 머피(Charles Murphy, 56세)로 1990년대부터 뉴욕과 런던에서 높은 성과를 올린 헤지펀드 매니저이자 수천만 달러를 번 백만장자였다. 그는 자살하기 몇 년 전부터 투자 수익을 더는 높이기 어렵다는 고충을 토로하면서 우울증 진단을 받았다. 그는 탐욕에 더해 집착만 있었지 감정지능은 없었던 것이다. 앞으로 다가올 세상은 모든 것이 가변적이다. 불확실성이 높은 상황에서 개인이나 기업이 120% 이상 올인하는 것은 바람직하지 않다. **세상의 모든 일은 실패할 확률이 훨씬 더 높다.** 마음에 뒷문이 있는 사람은 평온한 상태를 유지한다. 올인(All-in)과 마른 장작은 빨리 끝난다는 공통점이 있다.

체온이 1도 오르면?

정신적으로 80% 몰입하면 나머지 20%는 어떻게 하라는 것인 가? 많은 기업은 자신만의 고유 업무에서 벗어나 회사의 큰 목표를 달성하는 방법을 찾는 데 사용하라고 한다. 실제로 모든 종업원이 그 런 생각과 행동을 하면 얼마나 좋을까? 아마 한국에서 실행된다면 개인적 관심사에 20%를 모두 허비하는 사람이 상당할 것이다. 20% 의 시간과 노력은 항상 회사 전체적 상황에서 사용하라는 것이지만 더 중요한 의미가 있다. 바로 일에 대한 몰입이 과도한 집착으로 발 전하는 것을 경계하라는 뜻이다. 집착하다 보면 스스로 아집에 빠진 다. 여유 없이 쫓기는 생활에서 아이디어가 나올 수 없다. 혹시 실패 하면 예기치 못한 큰 타격을 입을 수도 있다. 일상생활에서 발견되 는 의처증, 데이트 폭력도 사랑하는 사람에 대한 과도한 집착이 원 인이다.

열심히 살면서 집착이 강한 사람은 다른 사람보다 체온이 1도 정도 높다. 약간 흥분한 상태로 살아가면서 작은 성공에 의미를 부 여한다. 때로는 열심히 살고 있다는 자부심으로 주위 사람들을 무시 하기도 한다. 따라서 자신의 가동률을 120% 이상 장기간 유지할 때 부정적 문제가 발생할 확률이 높아진다. 흔히 표현하듯이 '오버'하 는 것이다. 자신의 성공에만 집중해서 때로는 수단과 방법을 가리지 않기도 한다. 목표를 초과 달성하려고 불법을 저지를 수도 있다. 이 런 경우 본인은 물론 조직에도 큰 재앙이 된다. 인재에서 한순간 人 災로 전락하는 것이다. 리더나 주변 동료들은 이런 직원을 경계해야 한다. 평상심 속에서 최선을 다하고 결과는 쿨하게 받아들여야 한다.
지금 본인의 체온을 체크해보기 바란다.

미쳐야 미친다?

우리가 사는 사회는 몰입의 중요성을 무척 강조한다. 『불광불급(不狂不及)』, 『미쳐야 미친다』는 베스트셀러에 오른 책 제목이다. 뭔가에 집착하고 몰두해야 성과를 얻을 수 있다는 뜻이다. 맞는 말이다. 역사적으로 특별한 성과를 이룬 뛰어난 위인들은 거의 미칠 정도로 자신이 추구하는 것에 몰입했다. 현대 바둑의 거장이며 '우주류'로 유명한 일본의 다케미야 마사키(武宮正樹) 9단은 단 한 수를 결정하려고 제한시간 8시간 중 무려 5시간 7분을 쓰기도 했다. 그러나 이들이 이룬 성과는 대부분 학문, 발명 등과 같이 개인 차원에서 일궈낸 것이다. 또 이들과 평범한 사람들은 지식 차이가 매우 크다. 수준 차이가 너무 벌어져 협업할 수도 없다. 개인 차원에서 전문가 반열에 오른 사람들은 엄청난 몰입이 습관으로 배어 있다. 노벨상을 수상한 과학자들은 인생 전체를 연구에만 몰입했다. 이 정도로 몰입해야 역사에 남을 만한 결과를 남긴다. 이 책에서 주장하는 몰입은 일반적인 조직생활에서 발생하는 몰입이라서 이들과 비교하는 것은 의미가 없다. 일반인은 그렇게 할 수 없다.

평범한 사람이 자기 일에 너무 집착하면 주변에서 부담을 느낄 수도 있다. 내가 만난 보험설계사나 자동차 영업사원들의 대화 주제는 늘 보험과 자동차였다. 다른 분야는 아예 관심이 없는 것처럼 보였다. 이러니 영업이 안 될 수밖에 없다. 고객은 다양한 생각을 한다. 외곽의 관심 사항으로 시작해서 서서히 본론(보험/자동차 판매)으로 조여오는 것이 영업의 기본이다. 차를 파는 것은 자동차 영업사원만의 관심이다. 고객은 급하지 않다. 人災는 자신이 관심 있고 현재 하는 일에 과도하게 집착한다. 보험연구원의 분석에 따르면, 보험상품은 빠르면 5년, 늦어도 10년 안에 인공지능(AI)이 판매할 것으로 예상되고 있다. 물론 사물인터넷(IoT)과 빅데이터를 이용해 현재의 보험 세일즈맨보다 훨씬 수준 높은 서비스를 제공할 것이다. 중간 단계의 전문성이 있는 분야는 조만간 기계로 대체될 개연성이 높다. **좁은 분야에 대한 과도한 집착은 스스로 무덤을 파는 것이다.**

인재는 일을 대하는 태도에 여유가 있다. 구글은 80%, 쓰리엠(3M)은 85%만 본업에 투자한다. 나머지 시간은 창조적인 작업이나 고유 업무 이외의 과제를 하라고 한다. 한국에도 계영배(戒盈杯)라는 용어가 있다. 최인호의 소설 『상도』(商道)에서 조선시대 거상 임상옥(林尙沃)이 가지고 있었다는 술잔에 새겨진 문구다. 이 잔은 7할 이상을 채우면 모두 밑으로 흘러내려버렸다. '넘침을 경계하는 잔'이라는 속뜻이 있는 계영배는 과욕을 하지 말라는 상징물이다. 즉 과도한 집착에서 벗어나 건강하게 몰입할 때 비로소 인재의 심리 상태는 안정적으로 중심을 잡게 된다.

번아웃 증후군

최근 청년층뿐 아니라 중년층에서도 '초식남' 비율이 증가하고 있다. 살면서 겪은 시련과 상처로 자신감을 상실했기 때문이다. 초식남 중 집착이 강한 사람은 정서적으로 불안정한 경우가 많다. 이런 사람들은 '번아웃 증후군(Burnout-syndrome)'에 빠질 확률이 높다. 번아웃 증후군은 의욕적으로 일에 몰두하다가 극도의 신체적·정신적 피로감을 호소하며 무기력해지는 현상이다. 직장인 중 집착이 강한 성취지향적 인물이 의외의 패배를 맛보았을 경우 나타나기도 한다. 크리스티나 베른트(Christina Berndt)는 『번아웃』(Resilienz)이라는 책에서 '번아웃'을 '다 타버린 몸과 마음이 보내는 구조 요청'으로 정의했다. 그는 수명 단축에 영향을 주는 요인으로 불안장애가 14%, 불면증과 우울증이 각각 7%, 심리적 질환이 6%, 알코올·마약 중독이 4%로 조사되었다고 밝혔다. 정신건강이 인간의 수명에 큰 영향을 준다는 조사 결과다.

현대의 업무는 정신질환이 있으면 수행할 수 없다. 육체노동과 같은 단순 반복성 업무는 우울증이 약간 있어도 할 수 있다. 그러나 현대 노동의 주류인 창조적 활동, 세일즈 같은 서비스 노동, 감정노동 등은 우울증이 있으면 거의 불가능하다. 트리플 카오스로 제로섬 사회가 보편적 상황으로 굳어지면서 비즈니스와 인간관계는 더욱 치열해지고 있다. 과거의 스트레스는 원인이 간단한 일방의 스트레스였다. 하지만 지금의 스트레스는 입체적인 복잡계 스트레스다. 가정이나 직장에서 발생하는 스트레스와 사회 시스템 변화에 따른 스트레스까지 다양한 스트레스가 우리의 마음을 강타하고 있다. 생각과 현실의 격차가 벌어질수록 정서 불안정은 더욱 커진다. 한국 사회에서는 지난 수십 년 동안 사람의 마음이나 경험, 욕구, 꿈 따위를 신경 쓰지 않았다. 기술을 개발하고 물건을 만드는 데만 온 정신을 쏟았다. 사람의 마음에 집중해야 하는데 사람이 주인공이 아니었다.

번아웃 증후군을 해소하려면 우선 사회 변화에 대한 깊은 이해가 선행되어야 한다. 이후 스트레스의 공격을 방어하는 면역력을 기르고, 심리적 상처에 대한 회복탄력성을 높여야 한다. 한마디로 마음의 근육을 강화해야 한다. 크리스티나 베른트는 긍정적인 생각을 품고 주변 사람들과 우호적인 관계를 맺으면서 지나친 집착을 경계하라고 조언한다. 자신의 삶을 한 발짝 떨어져서 보면 정신적으로 면역력을 높일 수 있다는 의미다. 참 쉽다. 그러나 실행하기는….

독불장군 vs 공감

작은 성취를 쌓아가는 습관이 중요하다. 단번에 큰 성과를 기대한다면 로또를 사는 것이 낫다. 요즘 젊은 세대는 거의 홀로 성장했다. 형제가 없거나 있어도 한 명 정도다. 그러니 이기적인 성격으로 자랄 확률이 높다. 성장 과정이 독특한 한국의 젊은 층은 심한 경우 자아도취에 빠진 독불장군이 되어버리기 쉽다. 이들이 직장이나 조직에 들어오면 해당 조직에는 재앙이 된다. 동료들과 협업은 고사하고 조직의 방해자가 될 수도 있다. 그야말로 人災인 것이다.

경영학의 사례로 빈번히 소개되는 하와이 북쪽 카우아이섬의 사례를 살펴보자. 관광산업의 비중이 무척 높은 이 섬에는 삶의 목적을 상실한 성인 남성이 매우 많았다. 격리된 이 섬의 주민 중에는 범죄자, 알코올중독자, 정신질환자들이 매우 많았다. 청소년들은 그런 어른들을 보면서 자랐다. 학자들은 1955년에 태어난 신생아 833명이 30세 성인이 될 때까지 성장 과정을 추적하면서 가정환경이 아이의 장래에 미치는 영향을 연구했다. 그들의 예측은 불우한 환경에서 자란 아이들이 사회에 적응하지 못해 비행 청소년이 되거나 범죄자와 중독자의 삶을 사는 것이었다. 즉 유전적 요인과 환경적 요인이 이들의 삶에 큰 영향을 미칠 것으로 봤다. 그러나 결과는 전혀 다르게 나왔다. 3분의 1에 해당하는 아이들에게서 뜻밖의 결과가 나타났다. 그들은 학교에서 뛰어난 성적을 거두고 대학교에 장학생으로 입학했다. 좋은 환경에서 자라난 아이들보다 더 모범적으로 성장한 것이다.

나를 공감해준 단 한 사람

어떻게 이런 결과가 나왔을까? 조사 결과 이들에겐 한 가지 공통점이 있었다. 불우한 환경에서도 반듯하게 자란 이 아이들 곁에는 끝까지 자기편이 되어 믿어주고 공감해주고 응원해준 어른이 적어도 한 명은 있었다. 그 사람은 부모일 수도 있고 삼촌이나 이모일 수도 있었다. 옆집 아저씨나 선생님인 경우도 있었다. 이들은 훈계하고 꾸짖기보다 "힘들었구나!" 하면서 공감해주었다고 한다. 나를 있는 그대로 믿어주는 사람이 단 한 사람만 곁에 있어도 용기가 생긴다. 성장 과정에서 누군가 결정적인 조언을 해준 사람이 있을 때 성공과 삶에 대한 만족도가 높아진다.

이 사례는 인간의 본성에 대해 다시 질문하게 한다. 인간은 독립적으로 의사결정을 하는 삶의 주체이지만 그렇다고 해서 신(神)은 아니다. 때로는 나약한 존재다. 자신을 믿어주고, 이야기를 들어주고, 때로 조언을 해주는 누군가가 있을 때 인간은 더 발전할 수 있다. 인재는 자신보다 우월한 사람이 있음을 인정한다. 선배 등 주위의 조언을 소중하게 받아들인다. 자신의 부족함을 채우려고 공부나 업무를 열심히 하지만 사람을 통해서도 항상 배우고자 한다. 누구든 자신을 인정하고 공감해주는 사람이 있을 때 용기를 갖고 더 적극적으로 변화한다.

얼마 전 나는 인기가 높은 가수 '자이언티'를 눈여겨보았다. 그는 노래 경연 프로그램인 〈불후의 명곡〉이나 〈복면가왕〉에 출연하는 가수들과 근본적으로 달랐다. 성량이 풍부하지 않은지 아직껏 고음을 들어보지 못했다. 그가 만든 노래들은 리듬이 빠르거나 경쾌하지도 않다. 그런데도 자이언티가 인기가 있는 비결은 뭘까? 나는 공감 능력이라고 본다. 일단 가사가 쉽고 일상적이다. 그의 출세작인 〈양화대교〉는 택시 운전을 하는 아버지를 소재로 했다. 중저음의 반복적인 리듬이 마음을 가라앉힌다. 평범한 소시민의 마음속에 잔잔한 감동을 주고 따라 부르기도 쉽다. 삶에 지친 젊은이들이 기성세대에게 기대고 싶은 마음을 자이언티가 노래로 만든 것이 아닐까?

사회생활에서 조언을 해주는 멘토는 중요하다. 멘토가 운명을 바꿀 수도 있다. 특히 강압적인 환경에서 자란 청년 세대에게 멘토가 필요하다. 실은 멘토는 중년층에게도 필요하다. 빠르게 변하는 세상에서 고독한 중년은 정신적으로 기댈 곳이 없다. 가족이나 친구들과 대화가 잘 통하지 않는다. 지치고 자신감을 상실한 사람에게는 기댈 언덕이 필요하다. 나이와 무관하게 멘토가 필요해진 것이다. 그렇다고 멘토에게 지나치게 기대해서는 안 된다. 단지 공감만 해줘도 멘티는 용기를 얻을 수 있다.

부모, 선생님, 직장상사가 멘토가 되면 가장 좋다. 그러나 한국의 현실(?)에서 이들은 멘토가 되기보다는 잔소리꾼, 훼방꾼, 자기 의사만 강요하는 꼰대일 가능성이 농후하다. 멘토는 너무 멀지 않게 한 발 정도 떨어져 있는 주변의 선배가 맡는 것이 효과적이다. 사회 선배의 경우 '내 자식도 제대로 키우지 못하는데 내가 무슨 멘토?'라고 생각할 수도 있다. 그러나 멘티와 대화하면서 젊은이의 생각을 이해할 수 있다. 그래서 자기 자녀를 더 잘 이해할 수도 있다. 부모나 직장상사는 자식과 직원의 멘토에게 관심을 가져야 한다. 멘토의 중요성을 인식하는 인재는 마음의 문을 열고 멘토와 만난다. **나를 믿어주고 바라보는 사람이 있다는 것은 종교를 갖는 것에 필적한다.**

자신감으로 승부한다!

자신감을 가지려면 먼저 실력이 있어야 한다. 삶에 필요한 상식이 풍부하고 여유가 있을 때 자신감이 생긴다. 자신감의 요소가 여럿 있지만 한국에서는 지식, 나이, 직급 등 고정적 요인의 비중이 높다. 그러나 이런 인식이 빠르게 바뀌고 있다. 사회 분위기가 서구화되면서 합리성이 강해지고 있다. 각자 전문 영역에서 성과를 낸 사람을 전문가로 인정하고 우대하기 시작했다. 예를 들어, 공고 출신 벤처기업가를 살펴보자. 과거에는 '공돌이'라는 인식을 바탕에 두고 중소기업 사장 정도로 대접했다. 그러나 지금은 4차 산업혁명의 선구자나 일자리를 창출하는 중요한 사람으로 인식한다. 언론과 공무원은 이들의 애로사항을 풀어주려고 노력하기도 한다. 트리플 카오스에 사회의 투명성이 높아지면서 갑과 을의 관계가 변하고 있다.

최근 한국에서는 『자존감 수업』이라는 책이 베스트셀러가 되었다. 반대로 말하면 자신감이 없는 사람들이 엄청나게 많다는 얘기다. 자기를 괜찮게 생각하는, 이른바 자존감이 낮은 사람이 어떤 일에서 자신감을 가질 수 있겠는가? 트리플 키오스로 모든 것이 불확실해지면서 자신감이 상실되고 있다. 심리 상태가 불안하니 당연히 자신감이 없다. 이런 상황이 반대 트렌드를 만든다. 자신감이 약해졌기 때문에 오히려 강한 자신감을 보이는 대상을 동경하게 된다. 할리우드는 트렌드 변화를 귀신같이 알아낸다. 지난 10여 년간 상업영화는 거의 슈퍼 영웅이 등장하는 블록버스터 일색이다. 〈아이언 맨〉, 〈X

맨〉, 〈어벤져스〉, 〈분노의 질주〉 등 할리우드 영화에서는 슈퍼 영웅이 등장해 악당을 쳐부순다. 미국인의 삶도 한국인의 삶과 별반 다르지 않다는 반증이다.

몇 년 전부터 한국 영화와 드라마에서는 강한 여자가 자주 등장한다. 2017년 초 인기를 끌었던 〈힘 쎈 여자 도봉순〉은 슈퍼 파워를 지닌 취업준비생이 주인공이다. 사람들은 그녀를 보며 대리 만족을 하는 것이다. 즉, 한국형 〈아이언 맨〉이다. 가수도 그렇다. 마른 몸매에 인형 같은 아이돌이 장악한 음악시장에서 건강한 가수들이 중장년층에게 인기를 끌고 있다. 중년층은 의외로 효린, 에일리, 정은지 등 건강하고 자신감을 발산하는 젊은 가수들을 좋아한다. 2017년 연예계를 강타한 홍진영은 트로트와 걸그룹을 넘나들면서 거침없는 행동으로 큰 인기를 끌고 있다. 홍진영은 모험가형 연예인으로 연예계에서 인재 격차 사회를 실천하는 모습이다. 팬들은 이런 연예인의 음악이나 연기뿐 아니라 자신 있는 표정과 몸짓을 동경한다.

자신감은 재산이 많고 지식수준이 높아서 나오는 것이 아니다. 삶에 철학이 있어서 인생의 참된 의미를 이해하게 될 때 저절로 발산된다. 자신감 있게 산다는 것은 불확실성의 공격을 막아내는 방탄복을 입은 것과 마찬가지다. 자신감이 있기 때문에 인재는 어떤 상황에서도 희망의 끈을 놓지 않는다. 모든 과제에는 반드시 해결 방법이 있다는 희망을 가슴속에 간직한 채 살아간다. 이런 믿음이 머릿속에 자리 잡으면, 문제를 해결할 때마다 자신감이 재충전되고 누적되어 간다. 작고 사소한 희망이 쌓여 자신감으로 연결된다.

속삭임 vs 웅변

미국 행농과학연구소(NTL)에서는 참가자들에게 다양한 방법으로 공부를 하게 한 뒤, 24시간이 지나서 머리에 남아 있는 공부 내용을 조사했다. 조사 결과에 따르면, 서로 설명하면서 공부했을 때 하루가 지나도 공부한 내용이 90%나 남았다고 한다. 실제로 해보기는 75%, 집단 토의는 50%, 시청각 수업 듣기로는 20%가 남았다. 그리고 일반적 공부 방식인 읽기는 10%, 강의 듣기 효과는 5%에 불과했다. 공부의 효율성을 따져보면 읽거나 강의를 듣는 것은 열 번쯤 해야 머리에 남는다는 뜻이다.

유대인의 교육 방법 가운데 하브루타(chavruta)라는 것이 있다. 나이, 계급, 성별에 관계없이 두 명이 짝을 지어 서로 논쟁하며 진리를 찾는 교육 방법이다. 하브루타를 하는 두 사람은 하나의 주제를 놓고 찬성과 반대 의견을 동시에 경험하게 된다. 토론의 승패를 떠나 논쟁하고 경청하는 자세를 배운다. 추가로 새로운 아이디어를 끌어낼 수도 있다. 실제로 전남 벌교고등학교에서는 국어, 사회, 과학 수업에 하브루타를 적용하고 있다. 친구와 짝을 이뤄 논쟁하는 방식을 적용해보니, 수업에 대한 몰입도가 높아졌고 창의성도 좋아졌다고 한다. 수업 중에 졸음이 오지 않는 것도 큰 소득이라고 한다. 이런 실험과 연구 결과는 한결같이 학습과 의사전달 방식 중에 대화가 중요하다고 지적한다. 늘 새로운 것이 튀어나오고 학습이 점점 중요해지는 시대다. 대화로 자기 의지를 실현하는 능력은 인재의 중요한 조건이 될 수밖에 없다.

자신감이 있기 때문에 인재는 어떤 상황에서도 희망의 끈을 놓지 않는다.

모든 과제에는 반드시 해결 방법이 있다는 희망을 가슴속에 간직한 채 살아간다.

이런 믿음이 머릿속에 자리 잡으면, 문제를 해결할 때마다 자신감이 재충전되고 누적되어간다.

작고 사소한 희망이 쌓여 자신감으로 연결된다.

자신감이 강한 인재의 목소리는 명확하고 크다. 의사전달이 잘된다. 대체로 신입사원 면접 때 목소리만 들어도 인성평가는 거의 끝난다. 기어들어갈 정도로 목소리가 작다면 자신감이 없는 사람이다. 반면 웅변하듯이 자신감 넘치는 목소리는 호감을 갖게 한다. 목소리 크기와 함께 정확한 발음도 중요하다. 받침을 제대로 발음하지 못한다거나 어린아이와 같은 발음을 하면 상대방에게 거부감을 준다. 매사에 자신 없는 人災의 목소리는 속삭이는 것처럼 작다. 발음도 부정확해서 무슨 말인지 알아듣기 어렵다. 군대에서 병사들에게 군가와 구령조정 등을 큰 소리로 반복시키는 것은 전투에 나섰을 때 자신감을 높이기 위해서다.

4차 산업혁명 시대에 자신 있는 목소리가 왜 중요하냐고 반박할 수 있다. 문자, 메신저, 이메일로 충분히 의사를 전달할 수 있는데 굳이 말하기 능력이 필요할까? 물론 의사 전달은 기계로도 충분히 할 수 있다. 그러나 기계는 감정을 전달할 수 없다. 대화는 단순히 의사만 전달하는 것이 아니다. 상대방을 설득해서 내 의도대로 따르게 하는 고도의 소통이다. 오히려 4차 산업혁명 시대에는 대화 기술이 더 중요해질 것이다. **기계는 목소리에 담긴 미묘한 인간의 감성을 전송하지 못한다.** 초등학생 자녀를 두었다면, 구연동화 대회에 참가시켜 보라고 권하고 싶다. 사람들 앞에서 자신 있는 목소리, 정확한 발음으로 자기주장을 얘기해본 경험이 인생을 성공적으로 이끌 것이다. 人災는 영어학원 뒷자리에서 스마트폰만 만지작거린다.

문자 vs 통화

목소리가 작은 사람은 전화 통화보다 문자 메시지를 선호한다. 자신이 없기 때문이다. 기업에서도 문자 메시지로 마케팅을 한다. 이 메시지를 자세히 읽고 첨부파일을 열어볼 사람이 얼마나 될까? 연말연시에 연하장 대신 문자 메시지가 폭탄처럼 몰려온다. 제대로 읽는 사람이 있을까? 답장도 복사해둔 내용을 기계적으로 재전송하는 것이 일반적이다. 약간 거북한 관계이거나 친밀도가 떨어질수록 문자 메시지에 의존하는 경향이 있다. 직접 통화하자니 어색하기도 하고, 마주 보고 얘기할 자신이 없으니 문자 메시지로 용건만 전하는 것이다. 세일즈맨이 고객에게 문자로만 용건을 전하면 비즈니스가 성공할까?

인재는 직접 통화하고 방문하기를 즐긴다. 고객과 친밀해지고 싶다면 직접 방문해서 '면대면'으로 만나고 대화해야 한다. 이것이 어렵다면 통화라도 자주 해야 한다. 문자를 보내는 대신 통화를 하면 상대방이 귀찮아할 것 같지만, 과감하게 몇 번 부딪치면 상대방은 적극성을 인정해준다. 고객 처지에서 보면 비슷한 제안이 너무 많다. 직접 전화해서 차근차근 설명해주면 세일즈맨의 신뢰감을 높일 수 있다. 자주 통화하고 사람을 만나는 과정에서 자신감은 저절로 증폭된다. 이런 사람은 비즈니스뿐 아니라 사회생활에서도 자신감 있는 리더로 성장한다.

자신감으로 승부한다!

상사 중에서 상당히 엄한 고위임원이 있었다. 혹시 일이 잘못되기라도 하면 얼굴을 붉히면서 강하게 질책하곤 했다. 이럴 때마다 대부분 부하직원들은 일단 자리를 피하고 봤다. 일주일쯤 시간이 흐른 뒤에야 임원실을 방문해서 반성한다고 말씀드리면 그 임원은 화를 풀곤 했다. 이런 상황은 직장에서 흔히 있는 일이다. 그러나 당시 나는 일주일이라는 시간이 너무 아까웠다. 그분 때문에 마음에 상처를 입는 것은 더 싫었다. 이런 때 나는 짧으면 2~3시간 뒤, 길어도 하루 안에 적당히 보고할 내용을 만들어 임원실로 가서 보고했다. 마치 아무 일도 없었던 것처럼. 그리고 말미에 "조금 전의 일은 죄송했습니다!"라는 접대성 멘트를 날리면 그분도 화가 바로 풀어졌다. 직원들이 가장 두려워하는 상사였지만 나는 편하게 만날 수 있었다. 직접 만나면서 그분에 대한 자신감이 생긴 것이다. 그때 얻은 자신감으로 나는 지금껏 사람에게서 두려움을 느끼지 않는다. 그분은 평생 은인이다.

콜센터는 거의 모든 기업이 운영한다. 이메일, 앱 등 기계로만 고객의 욕구를 해소할 수 없기 때문이다. 상담원이 자신감 있고 밝은 목소리로 응대하면 고객의 불만은 크게 줄어든다. 내가 근무했던 회사의 콜센터 직원은 100여 명이 넘었다. 콜센터는 고객과 전화로만 만나기 때문에 항상 고객의 불만이 많았다. 나는 다양한 배려, 교육, 소통을 통해 콜센터에 대한 고객의 불만율을 낮추려고 노력했다. 그러나 불만율이 획기적으로 줄지는 않았다. 고객과 통화할 때 상담원의 수동적인 태도가 원인인 듯했다.

왜 그럴까? 몇몇 팀장급과 소주잔을 기울이면서 직접 물어봤다. 가장 큰 원인은 블랙 컨슈머(Black Consumer, 기업 등을 상대로 부당한 이익을 취하고자 제품을 구매한 후 고의적으로 악성 민원을 제기하는 자) 때문이었다. 블랙컨슈머 몇몇은 장시간 통화, 욕설, 성희롱 등 입에 담을 수 없는 말로 상담원을 괴롭혔다. 그러나 고객이기 때문에 계속 들어주고 있었다. 블랙컨슈머에게서 전화가 오면 통화 당사자뿐 아니라 주위의 모든 상담원이 긴장해서 함께 듣기도 했다. 이런 경험이 쌓이면서 전화를 두려워하게 되고, 수동적인 태도로 통화하는 버릇이 생긴 것이다. 문제를 파악한 뒤 회사에서는 블랙컨슈머 고객에게 부당한 행위를 중지하라고 공문으로 요구했다. 추후에도 지속되면 고발하겠다고 경고했다. 이 조치 이후 블랙컨슈머는 다시 전화하지 않았다. 콜센터에는 온기가 돌았고 고객 응대를 자신있게 하는 분위기로 변했다. 고객과 직원 모두에게서 사랑받는 조직이 되었다.

건강 vs 관상

내 주변 중년 남성들은 약이나 건강보조식품을 하루에 최소 10알 이상 먹는다. 30알을 먹는 사람도 봤다. 고혈압, 당뇨 등 생활습관과 관련된 질병 치료용 약도 있지만 홍삼, 비타민, 간장약 등 건강보조식품이 가장 많다. 모든 질병의 70% 이상은 자세 불량에서 온다고 한다. 바른 자세를 유지하면 혈액과 기의 순환이 빨라지면서 질병을 예방하고 건강해진다. 또 자세가 바르면 대화 상대방에게 자신이 진정성 있는 상태임을 알려준다. '진심으로 당신과 마주하고 있다'는 신호를 보내는 것이다. 다른 한편으로는 자신감을 보여준다. '난 어떤 일이든 잘할 수 있다. 자신 있다. 그러니 이번 비즈니스는 나에게 맡겨달라'는 무력시위(?)의 의미도 있다.

텔레비전에 나오는 성공한 사람들의 자세는 대부분 바르다. 그렇다고 너무 굳어서 건방져 보이지 않는 적당한 자세를 갖추고 있다. 人災는 건강에 대한 관심이 과도해서 건강보조식품을 입에 달고 살아간다. 그의 인체는 약을 분해하는 화학공장일지도 모른다. 자세는 구부정한 거북목이다. 목소리도 작다. 인재도 건강보조식품을 먹는다. 몸 상태를 항상 최상으로 유지하려고 노력한다. 또 몸이 곧게 펴지도록 신경 쓴다. 근육을 강화하는 운동에도 힘쓴다. 물론 목에 힘을 빼고…. PC나 스마트폰을 과도하게 사용할 때 거북목과 같은 근골격계 질환이 나이와 상관없이 발생한다. 치료하기도 어렵지만 구부정한 자세는 타인에게 소극적으로 보인다. 사람들은 대부분 트리플 카오스로 마음이 위축되어 있다. 이럴 때 건강을 챙기는 동시에 자세를 바르게 유지하려는 노력이 필요하다. **자신감은 말과 자세에서 시작된다.**

자세와 더불어 관상이 중요하다. 관상에는 그의 경험과 실력, 심리 상태가 모두 녹아 있다. "생각을 바꾸면 행동이 바뀌고 행동이 바뀌면 운명이 바뀐다. 운명이 바뀌었으니 당연히 관상도 바뀐다"라는 말이 있다. 또 "나이를 먹으면 얼굴에 책임을 져라"라는 말도 있다. 사람의 생각과 습관은 본인도 모르는 사이에 얼굴에 묻어난다. 특히 자신감은 관상으로 확연히 나타난다. 점술가가 되라는 뜻이 아니다. 다만 관상이 자신감을 외부로 보여주는 '자기 평가'라는 점에서 좋은 관상을 만들려고 노력해야 한다는 것이다. 자신감 있는 표정과 바른 자세로 목소리를 크게 해서 얘기한다면 인재일 확률이 매우 높다. 인공지능이 사람의 관상까지 알 수 있을까?

의사결정을 습관화하자!

누구나 중국집에서 짜장면을 먹을지, 짬뽕을 먹을지 고민해본 경험이 있을 것이다. 중년에 접어들었지만 이는 여전히 어려운 선택이다. 어떤 음식을 선택했든 음식을 끝까지 먹어야 한다. 자기 선택에 책임을 지는 것이다. 최근에는 이런 어려움이 짬짜면으로 해결(?)되었다. 음식 용기 가격이 하락하면서 그릇을 반반으로 나눠놓은 것이다. 짬짜면은 짜장면도 먹고 짬뽕도 먹을 수 있어 좋다.

살아가는 것은 의사결정의 연속이다. 누구나 하루에도 수십 번 의사결정을 한다. 무엇을 먹을지, 어떤 교통수단을 이용할지, 언제 어디서 누구를 만나 어떤 얘기를 할지 말이다. '5W1H'는 모든 의사결정을 모아놓은 것이다. 자신이 한 의사결정에는 책임을 져야 하니 스트레스를 유발한다. 모든 조직에서 장(長)의 업무 중 가장 중요한 것은 의사결정이다. CEO는 의사결정을 올바로 해야 하고, 그 결정에 책임을 져야 하기 때문에 권한과 함께 보상도 많이 받는 것이다.

과거의 의사결정은 비교적 변수가 적었다. 몇 가지 사항만 고려하면 쉽게 결론이 났다. 그러나 변화의 속도가 빨라지고 있다. 의사결정에 필요한 변수는 빠르게 늘어나고 있다. 다양한 정보가 기관총알같이 쏟아지고 있다. 이런 상황에서 정보를 읽고 추려내는 데는 고도의 판단력과 속도가 필요하다.

회피 vs 책임

의사결정은 스트레스와 책임을 수반하다 보니 아예 의사결정에 참여하지 않거나 회피하려는 사람도 많다. 그러나 조직의 의사결정 과정에서 소외된다는 것은 자신이 보조적 역할에 머물고 있다는 의미다. 의사결정은 리더인 인재의 중요한 책무다. 개인적인 일도 신속하게 의사결정을 하는 것이 시간 낭비를 줄인다.

의사결정도 습관이다. 아이를 데리고 중국집에 온 엄마가 "넌 지난번에 짜장면을 먹었으니 오늘은 짬뽕을 먹어라"라고 지시한다면 그 아이는 人災가 될 확률이 높다. 아주 사소한 결정 기회마저 엄마가 방해한 것이다. 만일 이 아이가 "난 볶음밥 먹을래요!"라고 엄마와 다른 결정을 했다면 첫 단추를 잘 끼운 것이다. 물론 볶음밥이 맛이 없어도 끝까지 먹게 해야 한다. 이런 경험이 쌓이면 다음 의사결정에서는 더 신중하게 선택할 것이다. 자녀들에게 가족 회식 메뉴나 여행지 등 상대적으로 덜 중요한 일부터 스스로 의사결정을 하도록 기회를 주어야 한다. 자신이 메뉴와 장소를 선택했기 때문에 불만이 적을 것이다. 직장에서도 상사가 부하직원에게 의사결정 기회를 많이 주는 것이 좋다. 사회생활 초기부터 자신의 결정에 책임을 지는 습관을 들이게 되기 때문이다. 그는 주인 의식이 강하고 스스로 책임을 지는 인재가 될 가능성이 높다. **가정과 직장에서 작은 의사결정을 한 경험이 쌓여 인재가 된다.** 인재는 人災보다 의사결정을 훨씬 많이 한다. 의사결정은 책임을 수반하기 때문에 사전에 학습하는 습관도 기르게 된다.

기술발전이 의사결정도 대체할까? 노래방이 생기면서 노래 가사를 외우지 못하게 되었다. 내비게이션 때문에 가려는 지역에 대한 설명을 들을 필요가 없어졌다. 그러나 어떤 노래를 할지, 어디를 갈지에 대한 의사결정은 여전히 사람이 한다. 다만 선택 수단이 크게 늘어난 것뿐이다. 친절한 헬리콥터 부모 밑에서 자란 마마보이는 성인이 되어도 의사결정을 제대로 못한다. 이들이 인재가 될 가능성은 없다. 직장 내에서도 몰입하는 직원과 겉도는 직원의 차이는 의사결정권이 있느냐 없느냐다.

고독 vs 권한이양

우리가 사는 세상에 확정적인 것은 아무것도 없다. 그래서 의사결정이 더 어려워졌다. 가변적이면서 복잡성이 커져서 의사결정에 영향을 주는 변수는 지금보다 2~3배가 아니라 10배 이상 증가할 전망이다. 빅데이터가 보완해줄 수도 있다. 그러나 경쟁자도 똑같이 빅데이터를 사용할 것이다. 그렇다면 경쟁자의 의사결정을 예측해서 선수를 쳐야 한다. 또 신중하게 의사결정을 했더라도 상황이 바뀌면 기존 전략을 즉시 변경하고 새로운 의사결성을 해야 한다. 아무리 좋은 의사결정도 늦으면 소용이 없다. 앞으로 의사결정 속도가 점점 중요해질 것이다. 이런 상황에서 조직의 대표가 홀로 의사결정을 할 수는 없다. 그렇게 되면 아마 스트레스에 따른 고독감으로 정신과 치료가 필요할지도 모른다.

권한을 나눠주는 권한이양은 합리적인 의사결정에 도움이 된다. 다양한 견해를 반영할 수 있기 때문이다. 권한을 이양받은 임직원은 CEO가 된 듯한 행복감에 싸인다. 당연히 주인 의식이 높아지고 조직에 활력을 불어넣는다. 사내외 전문가의 영역을 넓혀주기도 한다. 항후 많은 조직에서 의사결징이 더 많이 하부로 이양될 것이다.

친구 대여섯 명이 모여 회식해도 메뉴를 결정할 때마다 마찰이 심하다. 하물며 거대 조직의 의사결정 과정은 상상하기 어려울 정도로 복잡해지고 있다. 의사결정 과정이 투명하고 합리적이면서 빠른 조직과 그렇지 못한 조직의 성과는 더 크게 벌어질 것이다. 인재는 전문적인 사안은 해당 분야 전문가들에게 의사결정을 위임하기도 한다. 다만 의사결정 과정을 투명하고 효율적으로 관리한다. **자신이 결정하지 않고 위임했더라도 의사결정 과정을 관리했기 때문에 해당 결정에 책임을 진다.**

최근 한국에서 발생하는 많은 문제는 불투명한 의사결정 과정이 원인인 경우가 많다. 기업이나 정치권 모두 의사결정 과정이 분명하지 않고 권한이양을 발견하기 어렵다. 책임을 지지도 않는다. 문제 당사자들은 불과 몇 년 전만 해도 뛰어난 인재로 부러움의 대상이었다. 그러나 이들은 일순간 국가와 사회를 재앙에 빠뜨린 人災로 전락했다. 『삼국지』의 제갈량은 혼자 모든 것을 결정하고 직접 참전까지 했다. 그의 갑작스러운 죽음의 원인은 홀로 모든 것을 결정하는 데 따른 과로였을 것이다. 혹은 자신의 모든 능력을 다 쏟아 부은 후 번아웃 증후군이 나타났을 수도 있다. 현대 경영학이 제갈량에게 가르쳐줄 것은 바로 '권한이양'이다.

평생 공부한다!

내가 다닌 회사에는 인간 '어류'가 있었다. 바다에 사는 물고기인 어류(魚類)가 아니다. 특정한 이슈가 발생하면 목소리 톤이 올라가면서, "어?↗ 그랬구나!", "어?↗ 왜?" 이런 식으로 "어?↗"를 남발하는 직원들을 나는 '어류'라고 불렀다. 세상을 보는 눈이 어두운 '어?↗류'는 어류(魚類)처럼 생명이 짧다.

　공부는 하물며 산속에 살아도 필요하다. MBN 프로그램 중 〈나는 자연인이다!〉가 중년들에게 인기를 끌고 있다. 치열한 경쟁에서 벗어나 자유롭게 살아가는 모습이 부러웠기 때문일 것이다. 그러나 산으로 들어간 사람들은 공부를 엄청나게 한다. 약초를 캐면서 생활할 경우, 약초의 효능뿐 아니라 언제 수확하는지, 어떤 지형에 많이 분포하는지 공부가 필요하다. 지구가 멈추지 않는 한 어떤 상황에서도 공부는 필요하다. 세상은 단 한순간도 멈춰 서 있지 않고 끊임없이 변한다. 이 변화를 따라잡으려면 공부는 밥 먹듯이 평생 함께해야 한다. 조직 내에서 지위가 올라갈수록 전문성과 폭넓은 판단력이 동시에 중요해진다. 이를 보강하려면 상급자일수록 공부가 더 필요하다. 인재가 공부하지 않으면 '직무유기'에 해당한다. 세계적 석학인 유발 하라리 교수는 언론과 인터뷰에서 "20년 배워 평생 먹고사는 시대는 끝났다"라고 단언했다. 게다가 공부는 요즘 중년들이 그렇게 두려워하는 치매 예방에도 특효약 아닌가.

과거에는 선배들의 어깨 너머로 업무를 익히곤 했다. 그러나 지금은 일을 가르쳐줄 선배도 바쁘다. 어느 조직이나 비용을 절감하려고 인력을 타이트하게 가져가기 때문이다. 일의 성격도 과학기술의 발달로 과거와 완전히 다르다. 법규와 제도가 수시로 바뀌면서 선배도 잘 모르는 경우가 많다. 공부는 남과 비교하는 것이 아니다. '어제의 나'와 비교하는 것이다. 어제의 나보다 새로운 지식을 더 많이 쌓아가려는 노력이 공부다. 따라서 공부의 경쟁자는 자기 자신이다. 어제의 나를 극복하는 평생학습 시대라 할 만하다. 인간은 공부하는 동안에만 지혜가 있다.

그런데 효과적으로 공부해야 한다. 육아정책연구소의 조사에 따르면, 만 2세 유아의 35%, 5세의 83%가 사교육을 받는다고 한다. 특히 영어와 중국어를 중심으로 조기교육이 유행하고 있다. 그러나 언어능력을 관장하는 뇌는 7~8세가 되어야만 발달하기 때문에 초등학교 입학 후 외국어나 문자 교육을 받는 것이 효과적이다. 서유럽

선진국에서는 취학 전에 문자 교육을 금지한다고 한다. 너무 어릴 적에 문자를 배우면 언어의 감옥에 갇혀서 두뇌의 상상력이 감금당하기 때문이다. 우리 정부도 초등학교 1학년 과정에서 글자 노출을 최소화하기로 했다.

문자 교육을 늦춘 조치에서처럼 교육에서는 어떤 내용을, 언제, 어떻게 공부해야 하는지 그 과정이 중요하다. 성인 교육에서도 마찬가지다. 무턱대고 공부만 한다고 될 일이 아니다. 공부에는 목표와 방법이 있다. 어떤 공부를 언제, 어떻게 할지가 중요하다. 일반적으로 처음 흥미를 가진 공부가 평생의 업이 되는 경우가 많다. 신입사원이 처음 맡은 보직이 주특기가 되는 경우가 많은 것과 유사하다. 처음에는 깊고, 넓고, 단단한 공부부터 해야 한다. 많은 지식을 담을 수 있는 기반이 되는 공부를 해야 한다. 평생 공부하는 시대이기 때문이다.

지혜의 세계로 들어가자!

공부를 한다는 것은 새로운 지식을 배우는 것이다. 지식(知識, knowledge)에는 실질적이고 과학적인 근거가 있다. 지식은 조각조각 나눌 수 있다. 학문의 분야가 다르듯이 지식은 각각의 분야로 분해되어 서로 다른 전문가가 존재한다. 전문가는 세상을 분해해서 이해한다. 분해한 내용만큼은 그가 최고 전문가다. 사람에 따라 차이가 있지만 일반적으로 한 가지 이상 전문가가 되기는 쉽지 않다.

지식에 비해 지혜는 다른 차원이다. 세분화한 지식을 엮어 하나의 완성된 형상을 만드는 능력이다. 미래를 내다보는 혜안(慧眼)을 의미하기도 한다. 다른 의미로는 지식을 가득 담는 큰 그릇으로 표현할 수도 있다. 즉 현상과 지식을 수시로 분해하고 결합하면서 더 큰 의미와 미래의 변화를 파악하는 능력이다. 고차원적인 추론을 할 수 있는 능력이기도 하다. 지혜를 지닌 자는 동일한 사물을 보더라도 폭넓게 주변과 비교해서 본다. 장기적인 파급 효과까지 고려한다. 지혜는 핵심을 보는 안목과도 연결된다. **서로 다른 다양한 현상을 조합해서 핵심을 파악하는 능력이다.** 그가 파악한 핵심이 바로 지혜다. 멀리 넓게 보는 혜안과 지혜는 이음동의어(異音同義語)다.

톱다운(Top Down) vs 버텀업(Bottom Up)

앞으로 마주할 세계는 이전에는 경험해보지 못한 전혀 새로운 세상이 될 것이다. 단편적 지식으로는 적응하기는커녕 해석하기도 어렵다. 따라서 다양한 지식을 쓸어 담으려면 우선 지식을 담는 그릇을 크고 단단하게 마련해야 한다. 지혜를 강화하는 학습이 우선되어야 한다는 뜻이다. 그러나 인류의 위대한 스승들은 지식을 습득하는 과정에서 지혜를 얻는 경로를 택했다. 지식을 우선하는 공부 방식은 주로 선진국에서 발견된다. 이는 버텀업 접근 방식으로 볼 수 있다. 작은 현상이나 특정 학문을 집중적으로 연구하면 해당 분야에서 최고 전문가가 된다. 이 단계에 도달한 전문가는 어느 순간 자신의 전문 분야에서 통용되는 원칙이나 논리가 다른 영역에서도 적용될 수 있다는 사실을 깨닫게 된다. 이런 경험을 확장하는 과정에서 그는 세상의 기본 질서를 이해하게 된다. 이때 그의 뇌에서는 지식을 지혜로 바꾸는 화학작용이 일어난다. 하나를 깊이 그리고 완전히 알게 되면서 열 가지를 저절로 알게 되는 것이다.

개미에게서 얻은 지혜

예를 들어, 한국에서 인기 있는 작가 중 한 사람인 소설『개미』(Fourmis)의 저자 베르나르 베르베르(Bernard Werber)를 살펴보자.『개미』는 무려 5권에 걸쳐 개미의 세계를 그린 소설이다. 사랑과 반역, 생존을 위한 투쟁이 고스란히 녹아 있는 기상천외한 개미의 세계를 보여준다. 그는 개미에 대한 깊은 지식을 바탕으로 세상의 모든 현상을 이해하고 설명하는 지혜를 얻은 것이다.『개미』이후 그의 작품에서 발견되는 기발한 창의성과 통찰력은 개미 관찰에서 얻은 지식이 지혜로 승화된 증거로 볼 수 있다. 아주 작은 분야의 깊은 지식이 지혜로 발전한 것이다.

뛰어난 물리학자가 철학자가 되는 경우가 많다. 물리학을 깊이 공부하는 과정에서 물리학과 세상의 근본 이치가 유사하다고 깨달은 것이다. 물리학(지식)을 통해 세상의 이치(지혜)를 얻은 것이다. 아마 아이작 뉴턴(Isaac Newton), 알베르트 아인슈타인(Albert Einstein), 스티븐 호킹(Stephen Hawking) 등이 유사한 경험을 했을 것이다. 물리학을 넘어 어느 분야든지 최고 전문가에게서 이런 모습이 종종 발견된다. 공부의 최종 단계에 도달한 것이다. **작은 현상이 세상 전체와 어떻게 연결되는지 이해하고 응용하는 것이 궁극적인 학문 방법이다.** 교육의 원칙이기도 하다. 그러나 버텀업으로 공부하는 데는 시간과 비용이 많이 든다.

한국의 교육체계는 큰 그림에서 세세한 것으로 관점이 축소되는 형태로 구성되어 있다. 일명 톱다운 방식이다. 톱다운 방식은 세상의 전체 흐름을 먼저 공부한 후 분야별로 전문가를 지향하는 시스템이다. 예를 들어, 대학에 입학하면 대부분 첫 학기에 개론 수업을 듣는다. 학과 구분 없이 졸업할 때까지 배울 모든 것을 '수박 겉핥기'로 배운다. 그리고 학년이 올라가면서 전문적인 것으로 시각을 축소한다. 이 방식은 시간은 단축되지만, 깊게 체득되지 못하는 단점이 있다. 한국에서 학문적 전문성이 약한 근본적 원인으로 보인다.

교육과정 전체가 입시에 집중된 한국에서 서양식 버텀업 방식은 솔직히 현실성이 낮다. 한국 학생들은 입시에서 고득점을 받기 위해 공부한다. 한국에서 깊게 한 분야를 공부하면 재수는 필수, 삼수는 선택이 된다. 사교육으로 잠잘 시간도 부족한데 버텀업 공부를 하겠다고? 그렇다면 절충적 대안이 필요하다. 제도나 사회 인식이 빠르게 바뀌지 않는 한 고등학교 때까지는 톱다운, 대학이나 사회에 첫발을 딛는 순간부터는 버텀업으로 학습 방향을 정하는 것도 현실적 방법일 듯하다.

인재는 학교 교육을 끝마치고 사회에 나왔을 때 지혜를 쌓는 공부와 전문성을 강화하는 지식 공부를 겸한다. 그러나 지위가 높아질

수록 점차 '지혜형' 공부 비중을 늘려가야 한다. 내 경험으로 보면, 조직의 리더가 되기 이전에는 전문성 높은 공부를 하다가 리더가 된 뒤에는 폭넓은 지혜형 공부로 방향을 돌리는 게 바람직해 보인다. 리더가 되기 전 팔로어(Follower) 시절에는 자신의 직업과 관련된 전문 서적을 읽고 관련 연수 등에도 적극적으로 참여하며 가끔 세상의 큰 변화를 알려주는 책을 공부하는 것이 좋다. 그러다가 리더가 된 뒤에는 관심의 폭을 확대해서 미래학 같은 다양한 서적을 읽고 교류의 폭을 넓혀야 한다. 경영학의 조직론, 리더십 등도 공부하고 때로는 인문학적 소양도 쌓아야 한다. 톱다운 교육으로 성장한 현실을 감안해서 한국에서 인재가 되려면 전문성과 지혜를 동시에 갖춰야 한다. 다만, 지향점을 지혜로 두는 것만은 잊지 말아야 한다.

암기 vs 체득

지식형 공부는 단순히 지식을 암기하고 이해하는 것에 그친다. 해당 지식의 원리를 이해하면 공부는 끝이다. 이후에는 본인이 이해한 지식만으로 세상을 살아간다. 한국의 많은 전문가가 이 범주에 속한다. 반면 인재는 지식을 마음속 깊숙이 보관한다. 언제든지 꺼내 쓸 수 있으나 평소에는 잘 드러내지 않는다. 머리로만 보관하는 것이 아니라 세포와 뼛속에 각인하는 것과 같다. 바로 체득(體得)하는 것이다. 다양한 지식이 체득되어 몸 안 어딘가에 존재한다면 절대 망각되지 않는다. 그렇다면 어떻게 체득할까?

지혜를 체득하는 방법으로는 독서가 가장 좋다. 그것도 왜 그럴까 생각하며 어느 정도 시간이 걸려서 하는 독서다. 여기서는 학교 공부나 자격증 시험을 위한 참고서 같은 책 읽기는 당연히 제외된다. 독서는 창의성의 원천이다. 지혜의 그릇을 크고 튼튼하게 만든다. 상식을 쌓는 방법으로도 독서가 가장 유용하다. **독서는 자발적으로 하는 것이기 때문에 오직 자신의 욕구와 그에 따른 노력의 결과다. 다른 누구의 도움도 받을 수 없다. 자신과의 끊임없는 투쟁이다.** 그러나 한국의 교육여건이나 직장생활은 독서 시도를 아예 차단할 정도로 환경이 열악하다. 직장인의 경우, 책 한 권을 사면 흥미 있는 소설이 아닌 이상 단번에 읽기는 어렵다. 출퇴근할 때 지하철 안에서 읽거나 근무 중 짬짬이 시간을 내서 읽는다. 300쪽 내외의 책을 이런 식으로 읽으려면 거의 일주일이 걸린다. 책을 읽는 일주일은 책의 내용을 몸 안에 담는 기간이다. 시간이 제법 걸리니 당연히 오래 보관된다. 책을 쓴 사람은 책의 주제와 관련해서 전문가일 것이다. "왜?"라고 질문하며 읽다 보면 일주일 동안 전문가와 특정 주제를 놓고 토론하는 것이나 마찬가지다. 그러니 당연히 기억에 남을 수밖에 없다.

휙 보는 속독이 되기 쉬운 인터넷이나 전자책으로 습득한 지식은 오래 남지 않는다. 인스턴트 독서이기 때문이다. 미국 출판협회(AAP)에 따르면, 2015년부터 종이책이 부활하고 있다고 한다. 한손에 들어오는 포켓판 도서 매출은 1년 사이에 8.8%, 하드커버 책은 0.9% 늘었다. 반면 전자책 매출은 20%나 하락한 것으로 조사되었다. 그 결과 서점 수도 증가했다. 상황이 바뀌자 전자책 시장을 개척했던 아마존도 오프라인 서점 시장에 진출했다.

독서로 지혜를 얻는 방법

독서 경험이 적을 때는 아는 게 별로 없으니까 책을 읽으면서 저자에게 압도당한다. 책 내용이 모두 옳은 것으로 인식된다. 그러나 책을 많이 읽은 뒤에는 지식과 지혜가 쌓이면서 책 내용을 비판할 수 있다. 저자의 오류를 발견해내기도 한다. 독서하면서 머릿속에서 벌어지는 저자와의 토론은 책을 읽을수록 격렬해진다. 대개 자기 업무와 관련이 있거나 평소 관심이 있는 분야의 책을 사서 읽게 된다. 비슷한 주제를 다룬 책을 여러 권 읽다 보면 저자의 의도와 책 내용을 빠르게 이해하게 된다. 이 단계가 되면 속도가 붙는다. 일주일에 두세 권 읽기도 거뜬해진다. 이전에 읽은 내용이 뇌에 남아 있어 자신이 알지 못하는 새로운 내용만 눈에 들어오게 되기 때문이다. 독서 대가들의 경험을 들어보면 신기하게도 그런 현상이 일어난다고 한다. 이 정도 되면 적어도 자신의 관심 분야에서만큼은 세상을 보는 틀을 갖추게 된 것이다. 즉 지식이 지혜로 변하고 있는 것이다. 이때에는 많은 과제와 난관이 저절로 풀린다. 자신의 전문적 지식이 만든 지혜의 창으로 새로운 문제에 접근하기 때문에 큰 방향에서 대략적인 문제 해결방법이 저절로 떠오른다.

학창시절 입사원서를 작성할 때 취미란에 '독서'라고 적은 경험이 한번쯤 있을 것이다. 그러나 사회생활을 하면서 독서하기란 쉽지 않다. 직장생활도 빡빡하지만 퇴근한 후에도 저녁 약속이 있거나 주말에는 운동이나 경조사 등으로 독서하기가 어렵다. 나이가 들수록 시력과 집중력도 떨어지는 등 몸도 따라주지 않는다. 사람마다 책을 읽는 비법이 있을 것이다. 여기서 내가 책을 많이 읽기 위해 사용하는 방법을 소개한다. ① 주변에 책을 쌓아둔다. 사무실, 침실, 화장실, 거실, 자동차 등 머무는 모든 공간에 책을 비치하자. 시간이 되면 조금이라도 읽는 습관을 들여야 한다. ② 가급적 대중교통수단을 이용하자. 차 안에서 하는 독서는 지루함을 달래고 사색하기 좋다. 더 걷게 되니 건강에도 좋다. ③ 책을 사거나 선물을 받았을 때 그 자리에서 머리말 정도는 읽어보자. 적어도 목차 정도는 보는 것이 좋다. 당장 읽지 않더라도 나중에 관련 일을 할 때 그 책이 참고도서로 떠오를 수 있다. 또 선물은 그 자리에서 풀어보는 게 예의다. ④ 관심분야 베스트셀러는 될 수 있으면 사서 읽는 게 좋지만 모두 구입하기 어렵다면 서평 등을 읽어 내용을 파악해두는 것이 좋다. ⑤ 한동안 책을 손에서 놓았다가 본격적으로 독서를 시작할 때는 전문서적보다는 재미있어서 단번에 읽을 만한 소설류로 시작하는 것이 좋다.

인재는 건성으로 책을 읽지 않는다. 독서를 하면서 지혜의 사다리를 놓는다. 단순히 독서를 많이 한다고 해서 기억에 남고 지혜가 생기지는 않는다. 오래 기억하고 다양한 지식과 융합을 시도해야만 지혜가 된다. 사람마다 지혜를 만드는 자신만의 독서 방법이 있을 것이다. 나는 다음 일곱 가지 방법으로 기억한다. ① 우선 폭넓은 지혜를 전달하는 책을 선정한다. 책 선택이 가장 중요하다. 잘못된 책을 선택하면 나무 한 그루를 죽이는(?) 일이다. ② 정독하면서 중요하거나 전혀 몰랐던 내용은 형광펜으로 덧칠한다. ③ 책을 다 읽으면 형광펜으로 덧칠한 내용을 타이핑해놓는다. ④ 중요한 내용은 책 옆에

메모지를 붙여놓는다. ⑤ 일정한 시간이 지나면 타이핑한 내용을 프린트해서 다시 읽는다. ⑥ 다시 읽을 때 새롭게 인식되는 구절에만 형광펜으로 재차 표시를 해둔다. 이후에는 형광펜으로 표시한 것만 읽는다. ⑦ 바빠서 여섯 가지를 실행하기 어려우면 책 앞쪽의 빈 페이지에 독서 후기를 짧게라도 요약해놓는다.

다소 복잡하지만 나는 지혜의 독서법으로 책 내용을 완전히 흡수한 뒤 평소 대화할 때나 글을 쓸 때 활용한다. 이 방식은 습관이 되기 전에는 실천하기가 매우 어렵다. 염두에 두어야 할 것은 이런 작업 초기에는 타이핑할 내용이 너무 많다는 점이다. 그러나 시간이 지나면서 타이핑할 내용이 점점 줄어든다. 그만큼 지식과 지혜가 쌓인 것이다. 이런 과정을 거쳐 단순한 정보를 깊이 있는 지혜, 그것도 나만의 지혜로 만들 수 있다.

인문학에 대한 오해

한국에 인문학 열풍이 거세다. 매우 바람직한 현상이다. 인문학을 경영에 도입하는 사례도 늘고 있다. 역사 속 대가들과 대화하면서 습득한 내용을 경영에 적용하는 것은 그 자체로 행복감을 준다. 그러나 사람에 대한 학문인 인문학은 어쩌면 한가해 보일 수도 있다. 고전이나 예술 분야는 특히 그렇다. 사실 인문학 책은 읽기도, 이해하기도 쉽지 않다. 사람과 사회환경이 빠르게 변하기 때문에 현실과 동떨어진 내용도 많다. 실제 생활에서 응용하기도 어렵다. 핸드폰에서 흡수한 쪼가리 지식만 있는 사람이 인문학 책을 읽어봤자 응용이 불가능하다.

지식을 쌓고 책을 읽는 데도 순서가 있다. 상식이라는 큰 그릇에 인문학을 담아야 제대로 가동될 수 있다. 그래서 도서 선택이 중요하다. 우선순위에 풍부한 상식을 전달하거나 세상의 큰 변화를 주장하는 책을 올려놓기를 권한다. 나에게는 제러미 리프킨(Jeremy Rifkin), 자크 아탈리(Jacques Attali), 앤서니 기든스(Anthony Giddens), 이매뉴얼 월러스틴(Immanuel Maurice Wallerstein) 등이 사고체계를 잡는 데 큰 도움을 주었다. 지향점에 따라 다소 차이가 있겠지만 이런 유형의 책을 많이 읽은 후 인문학으로 넘어가기를 권한다.

그러면 기업경영과 인문학은 어떤 관계를 맺을까? 인문학은 역사 속에서 얻은 통찰을 살아가는 방식과 아이디어로 전환해준다. 이때 풍부한 상식과 경험이 있어야만 인문학이 효과를 발휘한다. 인문학과 다른 학문, 경영 현장 등을 별개로 판단하는 경향도 있다. 상식은 인문학과 다른 학문 그리고 경영을 상호 연결해준다. 또 인문학은 실천이 중요하다. 지인 중 한 분이 철학 분야의 대가다. 그는 인문학 분야에서는 득도했다고 할 정도로 깊이 있는 철학자다. 그러나 현실에서는 작은 금전 관계에도 연연한다. 자신의 이해에만 관심이 많다. 인문학의 본질에 대한 학습과 폭넓은 상식 없이 인문학만 한 것이다. 그에게 인문학은 화려한 장식품이다.

인재는 주마간산으로 책을 읽지 않는다.

독서를 하면서 지혜의 사다리를 놓는다.

단지 독서를 많이 한다고 해서

기억에 남고 지혜가 생기는 것은 아니다.

오래 기억하고 다양한 지식과 융합을 시도해야만 지혜가 된다.

지식을 쌓고 책을 읽는 데도 순서가 있다.

상식이라는 큰 그릇에 인문학을 담아야 제대로 가동될 수 있다.

풍부한 상식을 전달하거나 세상의 큰 변화를 주장하는

책을 먼저 읽기를 권한다.

Know Where vs Know Why

21세기 들어 인터넷이 발달하면서 중요한 전문지식도 인터넷에서 검색할 수 있게 되었다. 굳이 외워서 머릿속에 가지고 다닐 필요가 없어졌다. 이때 유행한 말이 'Know Where'이다. 지식이 어디 있는지 알면 된다는 뜻이다. 그러나 이제는 누구나 어디에 있는지는 안다. 한국에서는 네이버에 있고, 대부분 국가에서는 구글에 있다. 그러나 정보를 신속히 찾으려면 'Know Where'만으로는 부족하다. 포털(portal)은 아직 신(神)이 아니다. 인터넷에서 검색할 때 유사한 맥락의 지식을 함께 찾으면 원하는 정보에 빨리 접근할 수 있다. 연결성에 바탕을 둔 지혜가 가미될 때 비로소 'Know Where'도 제 역할을 한다. 물론 시간이 더 흐른 뒤 인공지능, 빅데이터 기술이 획기적으로 발전한다면, 'Know Where'만으로도 정보를 완벽하게 찾을 수 있을 것이다. 'Know How'도 인터넷이 충분히 알려줄 듯하다. 즉 언제, 어디서, 무엇을, 어떻게 해야 할지를 인터넷이 알려줄 것이다.

그렇다면 향후 사람의 역할은 '왜(Why)?'라는 본질적인 의문으로 집약될 것이다. 가장 가치 있는 일은 어떤 일을 하는 목적인 'Why'가 될 것이다. 앞으로 **인재는 왜 이 일을 해야 하는지에 관련된 일을 할 것이다.** 나머지는 인터넷에서 검색하거나 기계가 알아서 해줄 것이다. 지금의 人災는 'Know Where'만 알고 있다. 향후에는 언제(When), 어디서(Where), 어떻게(How) 해야 하는지 기계가 알려줄 것으로 믿고 있다. 굳이 애써 공부할 필요를 찾지 못한다. 이런 사람은 AI 기능을 탑재한 로봇만도 못하게 된다. 人災는 지금도 우물 안에서 스마트폰과 놀고 있다. 많은 국가에서 창의성 교육에 열을 올리는 까닭은 바로 '왜?'라는 의문의 가치 때문이다. 이 질문은 오직 사람만 할 수 있다.

'왜?'라고 질문하자!

1880년부터 1920년까지 헝가리는 과학 분야에서 노벨상 수상자를 7명이나 배출했다. 당시 헝가리 교육은 호기심을 자극하는 창의성 중심 교육이 일반적이었다. 그러나 1945년 공산화 이후 획일적인 교육으로 전환되면서 창의적 교육은 사라졌고 노벨상 수상자도 더는 나오지 않고 있다. 교육과정에서 획일성과 호기심을 억제한 결과 세대를 넘어 후손들에게 엄청난 재앙을 안겨줬다.

교육학자에 따르면 가장 좋은 학습 방법은 질문이라고 한다. 의문을 발견하고(호기심) 해소하는 과정에서 만족감을 얻기 때문이다. 작은 의문과 해결이 쌓여 거대한 지식이 된다. 인간의 두뇌에 유에스비(USB)를 통째로 집어넣는 기술이 나오기 전까지 **평생학습은 '왜?'라는 질문에서 시작될 것이다.** 수많은 연구에서 밝혀내기를, 질문을 많이 한 학생의 학업 성취도가 높다고 한다. 그런데 한국 학생들은 질문에 인색하다. 시험에 나오지 않는 것을 질문하는 것은 친구들에게 '민폐'라는 인식을 품기도 한다. '시간 없는데 쓸데없이 질문은?'

선생님들은 교실에서 정숙함을 강조하는 한편, 교실 분위기를 엄숙하게 가져간다. 질문을 못 하는 환경에서 스스로 질문을 자제한 결과 '왜?'라고 묻는 문제의식이 사라졌다. 이런 환경이라면 공부에 대한 호기심과 창의성 모두 자라나지 못한다.

질문을 해보지 않은 직원들이 입사히고 있다. 물론 기존의 중간 관리자 이상 계층도 '왜?'라고 질문하는 데 익숙하지 않다. 질문이 많으면 불만이 많은 것으로 오해하는 상사도 있다. 상명하복의 기업 문화가 강한 조직에서 자주 질문하면, 조직에서 소외될 여지마저 있다. 기업 스스로 질문을 막는 것이다. 신입사원부터 사장까지 의문이 없다면 그 회사 운명은 이미 정해진 게 아닐까? 경영환경은 점점 빠르게 변하고 있다. 헝가리 사례에서는 20~30년 후 폐해가 나타났지만, 지금부터는 2~3년 안에 바로 온다. 인재는 스스로 '왜?'라고 질문한다. 모든 현상과 사물을 문제의식으로 살핀다. 주변 동료나 후배들의 질문도 소중하게 경청하고 함께 고민한다. '왜?'가 제대로 작동하는 기업만 생존할 수 있는 시대다.

저축 vs 투자

직장생활을 처음 시작할 때 부모와 선배들은 저축을 강조한다. 결혼 비용과 집 장만 비용이 많이 들기 때문이다. 그러나 나는 신입사원이나 가까운 후배들에게 무리해서 저축하지 말라고 충고한다. 물론 개인연금이나 예기치 않은 불상사를 위해서 약간의 보험은 필요하다. 월급을 받으면 뭘 할까? 인재는 자신의 미래를 위해 투자한다. 사람 사귀는 비용은 아끼지 않는다. 먼저 밥값 내는데 싫어할 사람은 없다. 특정인에게 얻어먹는 것을 즐겨봤자 두세 번에 그칠 것이다. 상대방이 식사비를 자신만 부담할 경우 기분이 상할 것은 뻔하다.

사람에게 투자한다는 것은 배울 만한 사람에게 관심과 비용을 투자하는 것이다. 굳이 전문 지식이 있는 사람에게만 투자하라는 의미는 아니다. 만나면 기분이 좋아지고 삶의 지혜를 얻는 사람에게도 투자해야 한다. 전설적 투자가 워런 버핏과 1회 식사 비용이 2017년에는 무려 30억 원에 낙찰되었다. 진심으로 존경하는 사람이나 지혜를 얻을 수 있는 사람에게 월 1~2회 식사 대접은 너무 싼 것 아닌가? 따라서 배울 것이 많고 본보기가 될 만한 사람과는 지속적으로 교류하면서 투자해야 한다. **사람에게 배우는 것이 가장 빠르고 뇌리에 깊이 남는다.**

사람에게 투자할 때 자신과 생각하는 방식이 비슷한 사람들과 교류하는 것이 좋다. 이런 경우 너무 깊지 않으면서 폭넓게 교류하는 것이 좋다. 생각이 비슷하면 고민을 나누고 상담할 수 있다. 그러나 깊게 교류하면 '유유상종(類類相從)'이라는 말이 있듯이, 자신들의 신념체계에 너무 깊이 빠져 오히려 시야가 좁아질 수 있다. 직장에서 비슷한 생각을 하는 동료와 찰싹 붙어다니는 경우를 많이 본다. 이들은 사고체계가 서로 비슷할 것이다. 비슷하기 때문에 배울 점이 없을 것이다. 심리적으로 의지하는 관계 정도가 아닐까? 이런 관계에 투자하라는 것이 아니다. 살아가는 방법, 즉 삶의 목표가 유사하지만 다른 분야에서 전문성이 있는 동료나 선후배에게 투자하라는 얘기다. 인재는 인재에게 투자한다.

사회적으로 신분이 올라가면 공부보다는 네트워크에 주력한다. 많은 사람과 교류하는 것이다. 최고경영자 과정을 비롯한 특수대학원들은 공부를 빙자해서 인적 네트워크를 만드는 모임이다. 비용도 꽤 들어간다. 한두 개 정도 이런 모임은 연고관계를 중요하게 생각하는 한국의 특성상 필요할 수도 있다. 이런 모임은 자신들만의 폐쇄적 관계를 유지하면서 공부를 명분으로 내세운다. 그러나 통상 이런 모임은 공부는 뒷전이고 친목모임에 가까운 것이 사실이다. 시간과 돈을 투자했지만 얻을 것이 없는 모임이라면 그 투자는 실패한 것이다. 지식과 지혜가 계속 성장하는 인재에게 투자해야 한다. 그래야만 자신도 성장한다.

발전을 위한 두 번째 투자는 자신에 대한 투자다. 흥미 있는 책이나 새로운 기기가 출현하면 즉시 구입해서 사용해보는 습관이 필요하다. 어느 정도 독서량이 쌓여 있을 때는 자신의 전문 분야 베스트셀러는 빠짐없이 사서 읽는 것이 좋다. 최신 트렌드를 놓치지 않아야 전문성을 유지할 수 있기 때문이다. 여행도 적극 권장한다. 단순관광도 좋다. 여행은 새로운 지식을 얻고, 미래의 변화를 엿볼 수 있는 기회다. 다만 목적의식이 있는 여행이 필요하다. 여행의 핵심은 여행지의 과거와 현재, 다른 지역과 차이점 등을 비교해보는 것이다.

해외여행은 방문하는 국가의 향후 변화를 생각해보는 기회로 삼아야 한다. 나는 중국에 다녀오면서 중국 북부지방의 가로수가 생존력만 강하고 목재로써 가치나 조경적으로 볼품없는 품종임을 발견했다. 그리고 향후 중국에서 가로수 묘목사업을 하면 괜찮을 것이라는 생각이 들었다. 중국의 KTX인 CRH를 승차해보니 1등석 객실은 비행기 비즈니스석보다 훌륭했다. 그러나 화장실은 한국의 무궁

화호보다 못했다. 중국의 속살을 직접 느껴본 것이다. 중국의 향후 투자와 발전 방향이 삶의 질을 높이는 것이 될 거라는 예상을 할 수 있었다. 이런 생각을 하는 데 든 여행 비용은 전혀 아깝지 않다.

人災는 투자 비용이 아까울 것이다. 그래서 열심히 저축하고 모임에서 더치페이하면서 개미같이 살아간다. 부정청탁금지법(일명 김영란법)으로 더치페이가 공식화되어 행복(?)할 것이다. 그러나 이런 생활이 지속된다면 그에게 발전은 없다. 진급도 더딜 것이고 동료들에게서 소외될 것이다.

그렇다면 인새는 언제 저축할까? 일반적으로 사신이 선문성을 확보하게 되면 저축은 자연스럽게 가능해진다. 급여가 올라가고 인센티브도 많아질 것이다. 여기서 유념해야 할 것이 있다. 모든 투자는 투자 시점이 중요하다. 사회 경력이 짧은 초년생 시절에 투자를 많이 하는 것이 좋다. 사회생활 초기에는 성장 가능성이 높아 보이는 선후배에게 투자하는 것이 좋다. 나이 차가 크지 않기 때문에 함께 성장할 수 있다. 상대방도 사회 초년생이기 때문에 비용도 절약된다. 사회생활을 20년쯤 한 뒤 새로운 사람을 사귀려면 시간, 관심, 투자 금액이 크게 늘어난다. 깊은 관계를 맺기가 불가능할 수도 있다. 빠르면 빠를수록 좋다는 의미다. 그래야만 본인의 성장도 빨라진다. 한국의 높은 물가와 낭비적인 소비 구조 속에서 저축만으로 결혼, 육아, 주거를 모두 충족하기는 어렵다. 그러나 큰 꿈을 펴고 싶은 인재라면 젊을 때부터 자신과 사람에게 투자해야 한다.

　나이 제한 없이 새로운 첨단 기기에 투자하리고 앞에서 말했다. 즉 얼리어댑터(Early Adopter)가 되라는 얘기다. 4차 산업혁명이 전방위로 확산되면서 연일 새로운 기기가 출현하고 있다. 새로운 기기 중에 자신의 전문성을 보강하기 위한 기기나 최신형 스마트폰과 같이 대중성 있는 기기는 출시 후 가장 빠른 시간 안에 구입하는 것이 좋다. 스마트폰의 경우 1~2년마다 최신 기종이 나온다. 새로운 기능을 사용하는 것만으로도 우월감을 느낄 수 있다. 시간이 지나면 사람들이 거의 대부분 이 기기를 사용한다. 그러나 조직 안에서 가장 먼저 사용하고 기능을 정확히 알고 있다면, 스마트폰을 새로 교체하는 상시니 동료에게 가르쳐줄 수 있다. 또 다양한 분야에서 얼리어댑터가 된다면 창의적이고 도전적인 성격으로 바뀐다.

　향후 모든 조직은 사람과 기계가 협업하는 것을 기반으로 할 확률이 높다. 4차 산업혁명은 특정한 1인이나 대규모 조직이 아니라 몇몇 사람과 기계가 함께 어울려 일하는 소규모 조직일 것이다. 이런 제한된 환경에서 새로운 기계의 사용법을 빨리 습득하는 것은 중요한 능력이다. 21세기 인재는 새로운 기기의 전문가다.

　통상 얼리어댑터는 20~30대 젊은 층에 해당하는 것으로 여겨진다. 젊은 청년이 구식 스마트폰을 쓰면서 신형 스마트폰에 대해 '굳이 이런 기능이 필요할까?'라는 반응을 보인다면 상사로서 애정이 갈까? 반면 중장년이 신형 스마트폰을 쓰면 새롭게 보인다. 뭔가 다르게 보인다. 향후 IOT, 자율주행차 등 새로운 기기가 빠르게 확산될 것이다. 새로운 기기를 잘 활용하면 학습능력을 높이고 본인 이미지도 미래형으로 관리할 수 있다. 人災는 새로운 기기를 구입하기보다 저축에 힘쓴다. 새로운 기기를 배척하면서 '옛것이 좋은 것이여~' 하면서 세상을 등진다. 간편 결제인 '카카오페이'의 경우 중국의 '알리페이'와 제휴해 2017년 말이면 무려 4만 개 가맹점에서 오프라인으로 결제가 가능해질 것이다. 북유럽은 화폐가 사라지면서 간편결제로 대체되고 있다. 간편결제를 하지 못하면 물 한 병 살 수 없는 시대가 코앞이다. 人災여! 굳이 꼰대의 길을 갈 것인가? 21세기 죽림칠현(竹林七賢, 중국 위(魏)·진의 정권교체기에 부패한 정치권력에 등을 돌리고 죽림에 모여 거문고와 술을 즐기며 청담으로 세월을 보낸 일곱 명의 선비)이 되어 시대에 뒤처질 것인가? 새로운 기기와 서비스의 홍수 속에서 **빠져 죽을 것인가? 적극 활용할 것인가?**

사(士) vs 가(家)

잘 아는 분의 딸이 도(道)단위 '수학 영재'였다. 다른 과목 공부도 잘했지만 유독 수학에서 탁월한 재능을 보였다. 수학 영재가 대학을 선택할 때 학생의 부친이 내게 상의를 해왔다. 나는 앞으로는 본인의 강점을 잘 살리는 것이 중요하니 수학과나 물리학과에 진학시키라고 조언했다. 그러나 그 부모는 딸을 명문대학 법대로 진학시켰다. 결과는? 딸은 법대를 다니면서 번번이 사법고시에서 낙방했다. 법대를 졸업한 뒤 로스쿨도 졸업했다. 긴 시간 법률 공부를 하면서 결혼도 했고 출산도 했다. 30대 후반인 지금, 그 딸은 지방 소재 작은 로펌에 다니지만 벌이는 시원치 않다고 한다. 그렇게 뛰어난 아이가 왜 사법고시에서 실패했을까? 그의 머리는 수리적 능력이 출중한 이공계형 두뇌였다. 법률이나 사회과학에는 별 흥미가 없었을 것이다. 그런데도 그 부모는 판사, 검사, 변호사 부모가 되는 꿈속에서 살아왔다.

이런 현상은 과거형이 아니다. 한 언론사의 설문조사에 따르면 초등학교 부모들이 원하는 자녀의 직업은 여전히 교수·교사 29%, 공무원 18%, 과학자·연구원 15%, 의사·간호사 14%, 판사·변호사 9%였다. 대부분 사(士)자 직업이다. 취업이 어려운 대학생들이 자격증 취득이나 안정적인 사(士)자 직업에 열광하면서 구직 중인 청년의 약 40%가 공무원 시험 준비를 하고 있다는 충격적인 조사도 있다. 직장인들조차 로스쿨이나 약대에 다시 들어가려고 공부 열풍이 불고 있다. 이들은 직장생활과 공부를 병행하면서 엄청나게 치열한 삶을 살 것이다. 직장인들이 사(士) 직업으로 재취업하려는 이유는 직업의 안정성과 높은 수입을 기대하기 때문이다. 또 자신이 다니는 직장의 조직문화에 제대로 적응하지 못하는 것도 중요한 이유다.

또한, 21세기 들어 전환형 복합위기로 취업이 어려워지자 자격증 취득 붐이 일고 있다. 자격증이 있는 직업은 일반 기업에 비해 소득이 안정적이다. 배타적 권리를 주는 자격증은 노후까지 보장해준다. 변호사, 의사, 약사 등의 자격증은 사망할 때까지가 유효기간이다. 자격증은 인생의 성공을 보장하는 확실한 증표다. 이런 이유로 지금 한국은 사(士)자 전성시대다. 직장인, 부모, 학생 모두 가장 관

인공지능·로봇으로 대체 가능한 직업 예상

순위	대체비율이 높은 직업	대체비율(%)	대체비율이 낮은 직업	대체비율(%)
1	청소원	100	회계사	22
2	주방보조원	100	항공기 조종사	23
3	매표원 및 복권 판매원	96	투자·신용분석가	25
4	낙농업 관련 종사원	94	자산운용가	28
5	주차관리원·안내원	94	변호사	29
6	건설·광업 단순 종사원	94	증권·외환 딜러	30
7	금속가공기계 조작원	94	변리사	30
8	청원경찰	92	컴퓨터 하드웨어 기술자	32
9	경량 철골공	92	기업 고위 임원	32
10	주유원	90	컴퓨터 시스템·보안 전문가	33
11	펄프·종이 생산직	90	보건위생·환경검사원	34
12	세탁원·다림질원	90	기계시험원	34
13	화학물 가공·생산직	90	보험·금융 상품 개발자	35
14	곡식작물 재배원	90	식품공학 기술자·연구원	36
15	건축 도장공	89	대학교수	37
16	양식원	89	농림어업 시험원	37
17	콘크리트공	89	전기·가스·수도 관리자	37
18	패스트푸드원	89	큐레이터, 문화재보존원	37
19	음식 배달원	88	세무사	37
20	가사도우미	88	조사전문가	38

• 대체비율이 높은 직업일수록 인공지능·로봇으로 대체될 가능성이 높다는 의미

자료 : 한국고용정보원

고용대체율 전망

분야		비율
의약	████████████████████	51.7%
교육	██████████████████	48.0%
예체능	█████████████████	46.1%
사회	████████████████	44.7%
공학	███████████████	42.5%
자연	██████████████	41.1%
인문	█████████████	40.2%

자료 : 한국고용정보원

심이 많은 분야다. 물론 人災도 자격증에 목맨다. 그러나 사(士)자 자격증은 심각한 공급과잉에 빠져 있다. 한의사는 1만 2천 명이 넘는다. 그럼에도 1년에 700명 이상이 한의대를 졸업한다. 이런 식으로 10여 년이 지나면 한의사 2만 명 시대가 열리게 된다. 그때가 되어도 한국의 전체 인구는 늘지 않을 것이다. 전체 인구 5천만 명에 한의사만 2만 명이 넘게 되면 인구 2,500명당 한의사가 1명이 되는 셈이다. 일반적으로 한의원은 중년 이후에 많이 다닌다. 다소 과장해서 인구의 절반인 중장년층만 다닌다고 가정한다면 1,250명당 한의사가 1명이 된다. 또 공인중개사도 조만간 10만 명을 넘을 듯하다.

'사(士)'자 직업은 영원한 공급과잉

나는 1년에 2~3일 한의원에 간다. 대부분 운동 후유증으로 침을 맞고 간단한 물리치료를 받으면 1회에 6천~7천 원 부담한다. 고령화로 한의원을 찾는 인구가 늘겠지만, 한의사 숫자가 계속 늘어나면 한의원의 공급과잉은 충분히 예상할 수 있다. 더군다나 건강보험 재정 악화와 잇따른 실손보험 사기가 드러나면서 향후에는 과잉진료도 어려워질 것이다. 4차 산업혁명에 따른 다양한 치료 기기의 등장과 바이오산업의 혁신으로 사람들은 지금보다 건강해지리라 예상된다. 한의사 공급은 급속히 증가하는데 수요가 줄어드는 환경이다. 한의사뿐 아니라 변호사, 교수, 교사, 법무사, 변리사 등 사(士)자 직업은 장기적으로 공급과잉을 피할 수 없다. 유독 사자 직업의 공급과잉이 심해지는 것은 자격증을 평생 보유하기 때문이다.

수요자인 인구가 줄면서 많은 업무가 인공지능 등 기계로 대체될 것이다. 정부 재정의 한계로 규제도 늘어날 전망이다. 2017년 한국고용정보원의 '기술변화에 따른 일자리 영향 연구'라는 보고서에 따르면, 2025년경 국내 취업자의 61% 정도가 일자리를 잃을 수도 있다고 한다. 이 분석에 따르면 청소원, 주방보조원, 매표원과 같은 단순 판매원은 거의 100% 대체가 가능하다고 한다. 또 4차 산업혁명으로 직업 대체 효과가 가장 클 대학 전공으로 의약과 교육 분야를 꼽았다. 영업이 어려운 변호사들이 공인중개사의 업무 영역을 파고들면서 사(士)자 간에 전투가 시작되고 있다. 변호사가 운영하는 '트러스트 부동산'은 거래금액에 상관없이 99만 원을 비용으로 받는다. 반면 서울에서 공인중개사를 통해 5억 원짜리 부동산을 매매하면 200만 원, 10억 원짜리 부동산은 900만 원 정도 수수료를 내야 한다. 공무원도 계약직이 늘어날 것이다. 2015년에 개혁한 공무원연금도 추가 개정이 불가피할 듯하다. 사(士)자 직업의 안전성이 급속히 낮아지고 있는 것이다.

멀리 미래를 보면 이미 해답이 나와 있다. 모라벡의 역설(Moravec's Paradox)이라는 개념이 있다. 인간에게 쉬운 것이 컴퓨터에게는 어렵고, 반대로 인간에게 어려운 것은 컴퓨터에게 쉽다는 이론이다. 체스나 바둑을 두는 컴퓨터를 개발하기는 쉽지만, 한 살짜리 아이 수준의 운동능력이나 지각을 갖춘 기계를 만드는 일은 극히 어렵다. 감각이나 운동능력은 수백만 년 동안 진화를 거쳐 인간에게 탑재되었기 때문이다. 모라벡의 역설을 사(士)자 직업에 적용해보면, 사(士)자 자격증 시험에서 컴퓨터는 100점을 맞을 것이다. 자격증이 있는 전문가 이상의 교육, 치료, 조언도 훌륭히 해낼 것이다. 향후 사(士)자 자격증은 공급과잉을 넘어 의미가 없어질 수도 있다. **기계가 할 수 없는 일, 인간만이 할 수 있는 일이 미래에 가장 유망한 직업이 될 것이다.** 사(士)자 지격증은 희소한 것이 아니라 엄청난 공급과잉으로 향하고 있다.

커피 바리스타의 아우라

강릉에서 주문진 사이가 거대한 커피촌으로 발전하고 있다. 새로 짓는 멋진 건물에는 다양한 형태의 커피하우스가 입점해서 맛과 향기, 문화로 고객들을 유혹하고 있다. 이 중 아주 유명한 커피하우스를 방문해본 적이 있다. 일요일 오전 9시에 갔는데 자리가 없어서 줄을 서야 했다. 힘들게 입장한 뒤 10분쯤 지나자 바리스타인 듯한 주인이 나타났다. 일순간 커피숍 분위기는 인기 연예인이 출현한 듯 그에게 시선이 집중되었다. 커피맛에 대해 칭찬이 이어질 때마다 그는 우아하게 목례를 했다. 손님들이 그를 바라보는 눈길은 존경의 마음을 담은 듯 보였다. 커피를 마신 많은 손님이 그가 직접 볶은 커피를 대량 구매했다. 40여 분 후 밖으로 나왔는데 20여 명이 문 앞에 줄을 서 있었다.

강릉의 바리스타는 전문가(家)다. 미래는 '가(家)'의 시대다. 예술가, 저술가 등 전문가 가(家)자를 쓰는 직업이 부상할 것이다. 가(家)자 직업도 사(士)자 직업과 마찬가지로 평생 직업을 유지할 수 있다. 사(士)자 직업의 전문성과 가(家)자 직업의 전문성은 근본적으로 차이가 있다. 가(家)자 직업은 자격증이 없기 때문에 전문성이 배타적으로 보호되지는 않는다. 지속적으로 새로운 가치나 서비스를 개발해야 한다. 끝없이 혁신하고 공부해야 하는 직업이다.

가(家)자 직업은 4차 산업혁명이 침범하지 못한다. 모라벡의 역설이 적용되는 영역이다. 사회 변화로 인간의 욕구는 더욱 다양해지고 있다. 인간의 감성을 다루는 것이 기계의 침투가 가장 어려운 분야다. 문화, 예술, 음식, 취미 영역에 기계가 개입할 수 있을까? 인재가 가(家)자 직업을 갖는 이유는 사회적으로 기득권을 보장해주기 때문이 아니다. 본인이 해당 분야에 재능이 있음은 물론 좋아하면서 즐길 수 있기 때문이다. 변화와 혁신을 멈출 수 없는 것은 전문가(家)의 운명이다. 가(家)자형 인재는 이러한 변화와 노력이 힘들지 않다. 보람을 찾고 즐기는 것이다. **좋아하고 잘할 수 있는 일을 평생 하는 직업이 가(家)자 직업이다.**

의식적으로 관찰하라!

학창 시절 공부하는 방법은 학교나 학원에 다니는 것, 책을 읽는 것, 강의를 듣는 것 등이다. 그러나 이런 식의 공부는 과거형 학습이다. 과거에 연구된 학문을 공부하는 것이다. 트리플 카오스로 세상의 많은 지식과 학문은 근본적인 변화가 필요해졌다. 저출산이 고착되면서 사회과학 분야의 학문과 상식이 허물어지고 있다. 우리가 사는 세상은 인구가 증가하는 피라미드 구조를 전제로 만들어진 시스템이다. 그러나 지금은 항아리형이다. 향후에는 역피라미드 형태가 된다. **학문이 성립된 기본 가정이 바뀌고 있는 것이다.** 학문뿐 아니라 사회의 모든 제도와 인식의 전제 조건이 바뀌었다. 당연히 학문, 제도 그리고 상식마저 변해야 한다.

물론 근간이 되는 기초 지식은 학교 등 기존 교육 시스템과 교과서로 공부해야 한다. 그러나 기초 학문을 넘어서는 혁신을 하려면 다른 식의 공부가 필요하다. 지금까지는 교육기관에서 학습하는 것에 만족했다면, **향후에는 변화하는 세상을 직접 공부해야 한다.** 관찰을

아주 잘해야 한다는 의미다. 일본의 가메다병원은 영안실을 가장 높은 곳에 두었다. 그 이유는 천국과 가장 가까운 곳이라고 한다. 신촌 세브란스병원은 환자가 수술실에 걸어서 들어간다. 마취를 시작하기에 앞서 의사와 수술 참여자 전원이 함께 기도한다. 그 결과 진정제와 마취제 사용량이 절반으로 줄어들었다. 두 병원의 사례는 어떤 학교에서도 가르쳐주지 않는다. 교과서에도 없다. 오랜 체험에서 비롯한 예리한 관찰로만 파악할 수 있다.

학교와 책에서 가르쳐주는 것은 선생님과 저자의 지식과 지혜에 국한된다. 자기 것이 아니다. 그러나 관찰과 그에 따른 생각은 자신만의 지식이고 지혜다. 책을 쓰거나 강의 또는 대화를 하지 않는 한 다른 사람과 공유되지 않는다. 변화를 '콕' 집어내는 관찰은 자신만의 차별성을 만들어낼 수 있다. 앞으로 트리플 카오스가 만들어낼 변화는 아무도 알지 못한다. 전문가가 없다. 결국 스스로 관찰해서 응용하는 것밖에 대안이 없다.

고령화의 아픔을 알려면 간병병원에 가보든지 평일에 지하철을 타보는 것이 좋다. 지하철은 고령자의 쉼터이자 등산이나 관광을 하는 이동 통로다. 고령자는 지하철이 무료이기 때문이다. 한편, 최신 유행 트렌드를 읽으려면 강남 로데오거리나 동대문 패션몰을 방문하는 것이 유용하다. 관찰은 머리와 몸이 함께 움직인 결과다. 당연히 오래 기억되고 다른 분야로 응용이 가능하다.

1만 시간의 법칙은 누구나 1만 시간 정도 몰입하면 전문가가 된다는 원칙이다. 1만 시간은 하루 10시간씩 집중하면 1,000일, 즉 2.7년 걸린다. 그러나 생업에 종사하면서 다른 분야나 새로운 공부를 한다면, 하루 3시간 이상 투자하기가 쉽지 않을 테니 적어도 7~8년 이상 걸릴 것이다.

고대 그리스의 아르키메데스(Archimedes)는 목욕탕에서 비중의 원리를 이용해 가짜 금관을 판별하는 방법을 발견했을 때 '유레카(Heurēka)'라고 외친 것으로 유명하다. 그는 유레카를 외치기 전에 이미 그리스 최고의 기하학자, 수학자, 물리학자, 화학자였다. 아이작 뉴턴(Isaac Newton)은 사과나무 아래서 만유인력의 법칙을 발견할 당시 이미 해당 분야 최고 전문가였다. 20년이나 사과나무 아래서 중력의 법칙에 대해 고민했다. 이와 같이 기초 원리를 발견하거나 예술작품을 창조하는 분야는 1만 시간의 법칙이 작용한다. 물론 직장이나 일상생활에서도 웬만한 것은 1만 시간이면 전문가가 된다.

어떤 분야든 7~8년 동안 탐구한다면 전문가가 될 수 있다. 그러나 가속도를 내는 4차 산업혁명으로 인해 1만 시간을 투자한 지식이 7~8년이 지나면 쓸모없어질지도 모른다. 특히 기계로 대체 가능한 기술은 1만 시간의 법칙이 통하지 않을 것이다. 1만 시간의 법칙이 통하는 것은 기계가 할 수 없는 일일 것이다. 그렇다면 기업이나 개인의 학습 속도는 기술의 발전 속도와 유사하거나 더 빨라야 한다. 사람과 기술 간의 속도 경쟁에서 낙오하면 패자부활전은 없다. 그렇

하위 직급 샐러리맨은

회사에서 요구하는 일만 하면 된다.

그러나 고위직에 오르려면 혁신적인 아이디어가 필요하다.

정규교육으로는 아이디어를 생산해낼 수 없다.

미래의 인재는 호기심으로 무장하고,

온몸에 낚싯바늘을 걸고 다녀야 한다.

왜 그런지 질문하며 세상을 관찰해야 한다.

다면, 1만 시간이 지나 전문가가 된 후에는 무엇을 해야 할까? 그의 전문성은 이미 낡은 지식이 되어버렸을 것이나. 결국 인재로 살아가려면 평생 공부하는 방법밖에 없다.

수재(秀才)가 人災가 된 사연

최근 들어 법조계 출신 인사들이 사회적 물의를 일으키는 일이 많다. 왜 하필 법조계일까? 나는 다음과 같이 분석한다.

한국 고등학교의 문과 전교 1등은 거의 법대에 들어간다. → 전교 1등이니 항상 칭찬만 들었을 것이다. 사법고시에 합격하면 더 큰 찬사를 받게 된다. → 본인을 세상에서 가장 우월한 존재로 인식한다. 특히 권력자이거나 부자일수록 법관을 더욱 존중해준다. 만나는 사람은 대부분 법조계 인사다. → 충분한 보상으로 새로운 공부의 필요성이 사라진다. → 조직에 헌신해서 성장하기보다 관계성 성장(인맥)에 집착한다. → 세상의 변화를 관찰하지 못해 현실 인식 능력이 떨어진다.

이런 식으로 20여 년 생활하면 수재(秀才)가 人災로 바뀐다. 그는 사(士)자 자격증이 주는 편안함과 안정성으로 세상의 변화를 느끼지 못했다. 사법고시에 합격할 당시에는 가장 우수했지만, 20년간 재충전하지 않은 것이다. 마치 기억상실증 환자와 비슷해져서 과거형 人災가 되어버렸다. 이런 사람은 법조계뿐 아니라 공직사회나 기업에서도 많이 발견된다. 특히 빠르게 승진한 사람일수록 자신의 성공 스토리에 빠져 공부와 변화에 대한 관찰을 게을리하는 경우가 많다. 앞으로는 어떤 분야를 어떤 방식으로 공부해야 하는지가 가장 중요하다. 지금 일어나는 변화의 가속도를 감안하면, **살아간다는 것은 새로운 것을 공부하는 과정이다.**

수박 겉핥기 vs 낚싯바늘

뛰어난 인재는 관찰에 집중한다. 새로운 변화가 나타나기 전에 미세한 변화를 느낀다. 인재의 삶은 그 자체가 관찰이다. 관찰을 잘 하려면 우선 기초 지식이 풍부해야 한다. 사회에 대한 기초 지식 없이 무작정 관찰만 하면 새로운 아이디어가 떠오르지 않는다. 하위 직급 샐러리맨은 회사에서 요구하는 일만 하면 된다. 그러나 고위직에 오르려면 혁신적인 아이디어가 필요하다. 정규교육으로는 아이디어를 생산해낼 수 없다. 人災는 학창 시절에 받은 정규교육을 절대 진리로 여긴다. 신입사원 때 배운 업무 지식을 원칙으로 삼는다. 새로운 변화가 들어갈 틈이 없다.

어떻게 하면 관찰을 해서 미래의 트렌드를 읽을 수 있을까? 나비효과(Butterfly Effect)라는 용어가 있다. 브라질 나비의 미세한 움직임이 미국에 허리케인을 몰고 온다는 이론이다. 변화에는 항상 전조 증세가 있다. 미세한 변화지만 이를 인지하고 응용할 때 인재가 된다. 따라서 우선은 많은 나비(현상)를 만나야 한다. 일본의 후지사와 구미 사장학 연구자는 "호기심으로 무장하고, 온몸에 낚싯바늘을 걸고 다녀야 한다"라고 표현했다. '**왜(Why?)**'라는 의문형으로 세상을 **관찰해야 한다.** 예를 들어 서울 지하철 1호선은 역에 따라 승하차 승객의 연령 차이가 드러난다. 제기역은 65세 이상 고령자에게 지급하는 무료승차권의 비율이 가장 높다. 세기동에는 경동시장이라는 국내 최대 한약재 시장이 있다. 건강이 좋지 않은 고령자들이 한약재를 사러 왔을까? 물론 그럴 수도 있다. 그렇다면 10여 년 전에도 고령자의 승하차 비율이 높았어야 한다. 한약재를 들고 승차하는 어르신이 많아야 한다. 그러나 그렇지 않다. 부동산 임대료가 저렴한 제기동에는 노인들이 싸게 즐길 수 있는 '콜라텍'이 많이 들어서 있다. 이런 지역에서 커피전문점이 될까? 제기역의 키워드는 '지하철', '경로 우대', '고령자 빈곤화', '고령 독신자 문제' 등으로 다양한 사회적 현상이 엮여 있다.

관찰은 어떻게 해야 할까? 대충 보는 것, 훑어보는 것, 수박 겉핥기 등은 누구나 한다. 하지만 인재는 생각 없이 사물을 보지 않는다. 남이 하는 이야기를 그냥 듣지 않는다. 관심을 갖고 주의 깊게 살펴보고 듣는다. 깊이 관찰하려면 호기심이 있어야 한다. **의식적인 호기심으로 관찰하면, 다양한 현상이나 사물 간의 연결성이 이해된다.** 이런 단계가 더 발달하면 창조적 생각이 떠오른다. 그러나 의식의 성장이 멈추고 호기심이 적은 人災는 자신이 보고 싶은 것만 보고 듣고 싶은 것만 가려서 듣는다. 그의 의식은 제자리에서 맴돌고 있다. 이런 증세가 장기간 지속되면 실패할 확률이 매우 높다.

공급과잉에 빠진 아웃도어(등산복)업계에 'F&F'라는 기업이 혜성처럼 등장했다. 디스커버리(Discovery)라는 상표로 유명한 업체다. 한국의 아웃도어 시장은 세계적인 명품 시장이었다. 3~4년 전만 해도 전 세계 100여 개 브랜드가 각축전을 벌였다. 그러나 아웃도어는 자주 착용하지 않기 때문에 성장에 한계가 명확하다. 그렇다고 패션 용품도 아니다. 요즘 고어텍스 재킷은 품질이 너무 좋아서 평생 입을 수 있다. 본질적으로 공급과잉을 피하기 어려운 산업이다. 이때 'F&F'는 흔히 '등골 브레이커'라는 캐나다 구스다운을 생각한 듯하다. 캐나다 구스다운이 왜 인기가 있는지 세밀히 관찰했을 것이다. 평상복처럼 입으면서 등산 등 외부 활동에도 입을 수 있으면 좋지 않을까 하는 아이디어가 떠올랐을 것이다. 디스커버리 제품의 색상과 디자인은 도시생활에 어울리도록 튀지 않는다. 여기에다 인기 절정의 배우 '공유'를 모델로 했다. 반면 국내 최대 사모펀드는 업계 상위권 등산복업체를 2013년 비싼 가격에 인수했다. 기업 가치를 높여 되팔려는 전략이었다. 그러나 등산복 산업이 공급과잉에 빠지면서 난감해졌다. 여전히 주요 상품은 기존 등산복과 유사하다. 배우 '공유'보다 더 비싼 최고 여배우를 모델로 영입하고 서둘러 디스커버리를 모방했지만 잘 팔리지 않는다. 등산할 때도 이런 관찰과 생각을 해야 한다. 바로 이런 차이가 인재 격차 사회를 만들어간다.

공부 여행을 떠나라!

여행은 아주 좋은 관찰 도구다. 특히 해외여행은 느끼고 배울 수 있는 지역을 선택해봤으면 한다. 직장생활과 비용문제로 자주 갈 수 없기 때문이다. 그러나 사이판, 발리, 몰디브 등 단순 관광지나 동아시아 국가 대도시는 기피지역이다. 이곳에서도 배울 것이 있겠지만,

관광객이 많아서 해당 국가의 본질을 보기 어렵다. 동아시아의 대도시는 이미 도시 빌진 수준이 엇비슷하다. 상하이, 다이페이, 자카르타, 방콕은 서울·부산과 유사하다. 이런 지역은 자주 여행할 필요가 없다. 그러면 어디로 가는 게 좋을까? 스페인, 그리스 등 경제 위기국, 중국 내륙지역, 미국 동부나 독일 등을 추천하고 싶다. 남유럽에서는 뛰어난 문화유산뿐 아니라 경제위기의 실상을 볼 수 있다. 서민들의 삶은 어떤지, 국가 시스템은 잘 돌아가는지, 국가 재정이 한계를 보이면 어떤 현상이 나타나는지 등을 엿볼 수 있다. 일본과 이탈리아에서는 인구 고령화를 체험할 수 있다. 미국과 독일은 4차 산업혁명의 현장이기 때문에 많은 아이디어를 얻을 수 있다.

인재는 지하철을 타고 가거나 등산을 가면서도 관찰한다. 이동한다는 것은 관찰한다는 것이다. 관찰에서 중요한 것은 연결성이다. 개개의 사건이나 현상(fact)을 관찰하는 게 아니라 서로 다른 현상을 연결해서 향후 변화를 찾는다. 전철이나 버스에서 조용히 앉아 있는 것처럼 보이지만 인재의 머릿속은 빠르게 돌아간다. 앞으로 의식적인 관찰은 더 중요해질 전망이다. 더 많은 분야에서 더 빠른 변화가 나타날 것이기 때문이다. 한국의 미래가 암담한 이유 중 하나는 아이들의 왕성한 관찰력과 호기심을 정규교육과 人災형 부모가 막는 것이다. 혹시 자녀들의 관찰 결과를 "에이, 쓸데없이 그런 데 신경 쓰냐?"라고 핀잔을 준 적이 있는가?

스마트폰 vs 종이

전철에 탄 사람들은 대부분 스마트폰을 조작하고 있다. 음악이나 게임 등 오락을 즐기는 비중이 높다. 그러나 일부는 뉴스를 보거나 전자책을 읽고 있다. 가장 손쉽게 정보를 접하는 방법은 역시 뉴스를 보는 것이다. 그렇다면 뉴스를 어떻게 읽는 것이 좋을까? 인터넷이나 스마트폰이 좋을까? 아니면 종이 신문을 읽는 편이 나을까? 일본의 도쓰카 다카마사(戶塚隆將)는 『세계 최고의 인재들은 왜 기본에 집중할까』라는 책에서 최고 인재가 신문 읽는 방법을 세 가지 소개했다. ① '정보(뉴스)에 사람들이 어떻게 반응할지 예측하면서 읽어야 한다.' 이면에 숨겨진 내용을 파악하고 2차·3차의 파급효과를 생각해보는 습관을 들이자는 의미다. ② '반드시 종이 신문을 읽는다.' 기사 위치에 따라 뉴스의 중요도를 알 수 있고 관심 없는 정보도 제목 정도는 자연스럽게 보면서 폭을 넓힐 수 있다. ③ '최소 두 개 신문을 비교하면서 읽는다.' 정보의 중요도가 신문사 성향에 따라 차이가 있을 수 있다. 특히 한국의 경우 신문의 이념성이 강하기 때문에 팩트조차 왜곡되는 경우가 많다. 나는 좌우 양극단의 신문을 모두 구독한다.

인터넷이나 스마트폰으로 정보를 얻으면 전체 기사를 한눈에 보지 못하고 글자의 의미만 파악하게 된다. 따라서 전체적인 맥락을 파악하기가 어렵다. 중요한 기사일지라도 뇌에 잘 저장되지 않는다. 종이 신문은 내용뿐 아니라 이미지로도 남는다. 이미지는 더 오랜 기간 머릿속에 저장된다. 신문광고를 살펴도 도움이 된다. 채용 광고가 많으면 경기가 좋아질 거라는 신호다. 전면 광고가 증가한다든지, 대기업 광고가 줄고 중소기업의 단발성 광고가 늘어나면 경기침체라는 신호다. 책 소개 꼭지가 늘어도 불황 신호다. 종이 신문을 오래 보면 이런 감각이 만들어진다. 전자책은 별로 가슴에 남지 않는다. 소설 등 가벼운 글이나 굳이 정보를 저장할 필요가 없는 내용은 전자책도 무방하다. 독서와 신문 구독은 가급적 종이로 해야 한다. 정보 흡수뿐 아니라 관찰하는 습관을 길러준다. 이미지로 뇌와 몸에 넣어야 정보가 살아남는다.

본업 vs 개인기

자신이 맡은 업무를 잘하려면 먼저 본업에 몰입해야 한다. 그러나 본업에만 몰두한다고 해서 창조적 결과가 나오지는 않는다. 오히려 뇌가 딱딱해져 퇴보할 수도 있다. 레오나르도 다빈치(Leonardo da Vinci) 수준은 아니더라도 자신의 직업과 다른, 특별한 개인기나 취미를 연마했으면 한다. 자신만 할 수 있는 개인기가 있으면 조직에서 인기가 있을 것이다. 비교적 전문적 영역인 연예인들도 인기 관리와 또 다른 창조를 위해서 개인기를 연마한다. 개인기는 일상에서 지친 심신을 치유할 수도 있다. 자신의 직업이 '가장 잘하고 좋아하는 일'이면 최상이지만, 그렇지 못한 경우가 더 많다. 이때 개인기와 취미는 본업을 유지하는 활력소가 된다. 물론 자신이 좋아하고 잘하는 분야에서 개인기까지 연마하면 그야말로 베스트다.

人災는 자기 업무에만 올인한다. 앞뒤 안 가리고 일에만 몰두한다. 그러나 이런 생활이 길어지면 사고는 경직되고 업무 성과는 떨어지며 매너리즘에 빠질 개연성이 높아진다. 쉽게 지칠 수도 있다. 미래에 사람은 창조적인 일에 종사할 것이다. 창의성은 다양성에서 나온다. 자신의 전문 분야 밖에서 전문가 반열에 오르면 세상을 보는 또 다른 틀을 갖추게 된다. 동호회에서 자신의 업무와 전혀 무관한 사람들을 만나서 대화할 때 새로운 아이디어가 떠오를 수 있다. 뇌가 유연해지면서 행동의 폭이 넓어지게 된다. **자기 업무를 하는 틀과 전혀 다른 분야의 틀로 동시에 업무를 하면 기상천외한 아이디어가 나올 수 있다.** 특정 분야의 전문가 중 그에 버금가는 전문 영역이 추가로 있는 경우가 많다. 본업에서 지쳤을 때 폭탄주를 마셔봤자 자신만 손해다.

예술도 좋고 특별한 기술도 좋다. 가급적 이런 개인기는 '프로' 수준까지 끌어올려 보자. 그 정도는 되어야 개인기를 활용할 수 있다. 노후 준비에도 도움이 되면 더할 나위 없다. 내 지인은 꾸준히 나무에 대해 공부했다. 직접 나무 키우기에 공들인 결과 이제는 은퇴 후 연소득 1억 원을 확보했다고 한다. 나무 공부를 바탕으로 고향의 임야를 임대해서 나무를 심어 가꾸고 있다. 외부에 강의도 나가고 책도 서너 권 집필했다. 개인기가 아니라 본업이 된 것이다. 자기 업무와 더불어 다른 영역에서도 의미 있는 수준에 올랐을 때 삶은 풍부하고 성공적일 것이다.

평균수명이 점점 길어지고 있다. 젊은 날의 본업만으로 평생을 살아가기에는 한계가 많아졌다. 본업에서 은퇴한 후 제2의 인생은 아무래도 자신이 좋아하고 잘하는 영역에서 하면 좋다. 자녀 부양 의무가 종료된 후 생활이 다소 안정되었을 때를 대비해서 개인기를 한두 개 연마해본다면? 미래에셋 은퇴연구소장 김경록 대표는 『1인 1기』라는 책에서 개인이 노후에 가져야 할 기술의 네 가지 기준을 제시했다. 그에 따르면 ① 혼자 할 수 있는 일, ② 다른 사람보다 훨씬 잘할 수 있는 일, ③ 돈을 벌 수 있는 일, ④ 자신이 좋아하는 일을 기준으로 삼아야 한다고 주장했다. 그는 금보다 기술이 소중하다고 강조한다. 기술은 누가 훔쳐갈 수 없기 때문이다. 결국 개인기가 있는 사람은 인생을 두 번 재미있게 살 수 있다.

핵심은 창의성이다!

한국은 맛있으면서도 손쉽게 먹을 수 있는 라면의 1인당 소비량이 세계 1위 국가다. 라면은 해외에도 활발히 진출하고 있다. 한국의 라면이 성장하는 데는 라면업계의 치열한 창의성 경쟁이 숨어 있다. 1963년 한국에 라면이 들어온 후 라면 시장에는 큰 변화가 세 번 있었다. 첫 번째 변화는 1989년 우지(牛脂)파동에 따른 원료 전쟁이다. 라면업계는 원료의 중요성을 인식하게 되었고, 식품의 안전성이 흥망성쇠의 핵심으로 부각했다. 이 전쟁에서 업계 1위였던 삼양라면은 추락하고 농심이 1위로 부상했다. 두 번째 변화는 용기면 시대가 펼쳐진 것이다. 흔히 '사발면'이라고 하는 용기면의 출현으로 라면은 야외·레저 활동에 필수품이 되었다. 세 번째 변화는 새로운 맛의 전쟁이다. 소득수준이 높아지면서 식사보다는 개성 있는 맛이 중요해졌다. 농심 신라면의 독주에 삼양의 나가사키 짬뽕, 팔도의 꼬꼬면이 도전장을 내면서 하얀 국물 신드롬을 불러왔다. 연이어 짜파게티에 도전한 짜짜로니·짜왕·진짜장의 짜장면 전쟁, 진짬뽕과 맛짬뽕의 짬뽕 전쟁, 육칼 등이 활약한 칼국수 전쟁과 같은 맛의 전쟁이 벌어졌다. 부대찌개면, 국물 없는 볶음면 등 라면이 다른 상품과 융합하기도 했다. 2017년에는 국물 없는 라면을 놓고 다시 전운이 감돌고 있다. 라면전쟁은 영원히 지속될 전망이다. 라면은 높은 가성비와 맛의 무한한 확장으로 인스턴트라는 굴레에서 벗어나 창의적 음식으로 새롭게 자리매김하고 있다.

라면전쟁은 먹거리에서 창의성을 유발한 여러 계기 중 하나일 것이다. 지금 우리는 맛, 품질, 가격이 비슷한 라면시장에서 창의성으로 싸우는 전장에 있다. 라면전쟁은 음식문화 전반으로 확전되고 있다. 다양한 먹거리가 개발되고 정부에서도 한류의 한 줄기로 창조적인 음식문화를 지원하고 있다. 텔레비전에서는 맛집 소개 프로그램을 넘어 유명 셰프의 요리 프로나 먹방 프로가 인기를 끌고 있다. 개인은 스마트폰으로 맛있는 음식을 퍼 나른다. 평범한 음식점은 문을 닫고 창의성 있는 음식점이 새로이 문을 열고 있다. 요즘 먹방의 대세 백종원은 라면전쟁의 최대 수혜자가 아닐까? 그런데 라면의 아성도 흔들리고 있다. 최근에는 고령 인구와 1인 가구가 늘어가면서 도시락 같은 가정용 간편식이 빠르게 보급된다. 그 결과 라면 소비가 줄어드는 구조적 변화가 나타나고 있다. 라면 간 전쟁에서 가정 간편식과 맞붙는 이종격투기로 선선이 확산되고 있다. 거의 모든 영역에서 창의성을 무기로 하는 전투가 벌어져서 '제3차 세계대전'이라 부를 만하다.

기업이 성장하는 방법은 두 가지다. 새로운 상품을 내놓든가, 아니면 해당 산업 내에서 시장점유율(MS)을 높여 매출을 늘리는 것이다. 그러나 신상품을 자주 내놓기는 어렵다. 창조적인 아이디어를 생각해내기 어렵고, 신규 설비투자와 마케팅 비용이 많이 들기 때문이다. 그래서 기업들은 시장 내에서 점유율을 높이려고 노력한다. 특히 제로섬 게임의 법칙이 지배하는 산업은 성장이 정체된 것이다. 시간이 지나면 트리플 카오스로 마이너스(-)섬 시장이 될 수도 있다. 만일 시장점유율이 높아져도 산업 전체의 규모(파이)가 줄어든다면 그 회사의 매출이 증가할까? 초콜릿의 사례를 살펴보자! 출산율이 떨어지면서 1970년대 초반 100만 명이던 출생자가 2016년에는 40만 명대로 줄어들었다. 이에 따라 초콜릿 소비가 크게 줄어들 수밖에 없었다. 상황이 바뀌면서 제과업체는 초콜릿 생산량을 크게 줄였다. 점유율 경쟁이 의미가 없어진 것이다. 이때 오리온은 초코파이를 들고 해외로 진출했다. 직접 생산하기보다는 해외 유명업체의 최고급 제품을 수입해서 파는 업체도 생겨났다. 이런 현상은 아동용품 시장에서 많이 발견된다. 앞으로는 사교육 시장에서도 나타날 것이다. 마이너스(-)섬 게임을 예상한다면 점유율 전쟁에서 빨리 벗어나야 한다.

앞서 살펴본 아웃도어의 디스커버리, 과자의 허니버터칩 등은 창의성으로 경쟁하고 있다. 품질 차이가 극히 적은 라면업계조차 창의성의 대결장이 되고 있다. 거의 모든 산업에서 이런 현상이 나타나고 있다. 트리플 카오스는 창의성 전쟁을 더욱 촉진할 것이다. 통상 경쟁자가 제거될 때 가장 편안하게 성장을 이룰 수 있다. 그러나 독점을 이루어도 전체 시장이 축소되면 성장이 멈출 수밖에 없다. 반면 창의적인 상품을 만들면 매출이 늘어나면서 경쟁자를 일거에 몰락시킬 수도 있다.

경쟁자도 창의성으로 싸움을 걸어올 것이다. 빅데이터를 더 많이 활용하면서 경쟁자는 고객의 니즈를 더 잘 파악할 수 있다. 3D프린터, IOT를 통해 빠르게 신제품을 낼 수 있게 되었다. 4차 산업혁명으로 더 많은 제품을 빠르고 싸게 만들 수 있는 환경이 조성된 것이다. 그러나 이런 환경에는 누구나 공평하게 접근할 수 있다. 결국 앞으로 모든 경쟁은 새로운 제품을 만들어내는 기획력, 즉 창의성으로 집약될 것이다.

현상 vs 배경

한국은 특정한 현상이 발생하면 집단적으로 동일하게 판단하는 편향성이 강하다. 4차 산업혁명의 한 축인 '드론(Drone)'의 사례를 살펴보자! 드론은 새로운 물류혁명으로 이해되고 있다. 나도 성장 가능성을 믿어 의심치 않는다. 그러나 한 발짝 떨어져서 냉정하게 볼 필요가 있다. 한국은 아파트 중심 문화라서 앱으로 주문한 치킨이 드론으로 배달되려면 모든 지도를 바꿔야 한다. 2차원 지도로는 드론이 집을 찾을 수 없다. 아파트 베란다나 창문을 통해 배달해야 하기 때문이다. 그러려면 먼저 정교한 3차원 입체지도가 필요하다. 3차원 입체지도를 읽고 배달하려면 드론은 지금보다 훨씬 정교해야 한다. 지도를 이해하면서 낮은 고도로 목표물을 타격하는 크루즈 미사일의 기능을 일부 탑재해야 할지도 모른다. 그럼 드론 가격이 오를 수 있다. 주택가에 밀집한 전기선과 통신선은 모두 지하에 매설해야 한다. 그러니 드론 배달은 미국과 같이 단독주택 중심인 국가에서나 가능한 일이다. 드론에 꼭 필요한 기술인 배터리의 전기 저장기술과 장애물을 인지하는 센서 기술의 발전 속도도 함께 고려해야 한다. 배터리와 센서 기술이 더디게 발전하기 때문에 드론의 성장 또한 지연될 수 있다. 연관된 기술의 발전과 보조를 맞춰 드론 보급이 늘어날 거라는 예상을 하게 된다. 이런 상상을 학교에서 가르칠까? 단순히 독서를 하고 신문을 열심히 본다고 가능할까?

인재에게는 멀리 보고 다양한 시각에서 배경과 향후 변화까지도 생각하는 습관이 있다. 드론은 사회적으로 기반시설이 구비되고 추가적인 기술 진보가 있을 때까지는 제한적인 용도로 사용될 확률이 높아 보인다. 오히려 사생활을 무차별로 감시할 수 있기 때문에 사생활 보호 산업이 드론만큼 성장할 수도 있다. 드론의 주파수를 교란하는 장치라든가 집 상공에 미세한 그물망을 설치할 수도 있다. 이미 공항 근처는 항공기 이착륙 시 드론이 큰 장애물이기 때문에 드론 운행을 엄격히 제한하고 있다. 애초에 드론이 군사용으로 개발되었기 때문에 군사용으로는 다양한 응용이 가능하다. 무인 테러에 이용되는 살인기계로 발전해서 금지령이 내릴 수도 있다. 프랑스 공군은 독수리를 길들여 드론을 잡아내는 특수부대를 창설했다. 드론을 이용한 테러를 방지하기 위해서다.

드론의 성장성을 이해하는 동시에 이런 식으로 생각을 넓혀보면 창의성을 연습할 수 있다. 토론식 수업이 강조되는 것은 학교나 기업에서 이런 내용을 토론하면서 참가자의 창의성을 키울 수 있기 때문이다. 4차 산업혁명의 전도사인 클라우스 슈밥(Klaus Schwab) 세계경제포럼(WEF) 회장은 2020년에 가장 필요한 능력으로 '복잡한 문제를 해결하는 능력'을 꼽았다. **다양하고 복잡한 현상에서 핵심을 찾는 능력과 하나의 현상에서 다양한 결과를 예측하는 것은 똑같이 중요하다.** 현상에서 배경을 파악하고 차후 변화 요인을 찾아내는 것이 미래형 인재다.

오감(五感) vs 육감(六感)

청소년 시절, 혹시 못된 짓을 했거나 성적이 떨어지면 어머니가 즉시 알아차린 기억이 있을 것이다. 어머니가 점을 친 것이 아니다. 직접 낳았기 때문에 텔레파시로 알아낸 것도 아니다. 인간의 기본적 감각인 오감 이외에 육감이 있기 때문이다. 육감은 연인 사이, 친한 친구 간에도 발견된다. 육감은 오랜 기간 관심을 가지고 관찰한 결과다. CEO 등 조직의 장은 의사결정의 마지막 단계에 '직관', 즉 감(感)에 의존한다고 한다. 이 감이 바로 육감이다. 오감은 인간으로 태어날 때부터 유전적으로 보유한 태생적 감각이다. 따라서 오감은 노력한다고 개선되지는 않는다. 유전자 특성의 차이로 개인 간 차이가 분명하다. 반면 육감은 노력하면 능력을 향상할 수 있다.

육감은 특정한 주제나 사물에 대한 관심에서 시작된다. 관심이 있다는 것은 흥미가 있다는 것이다. 흥미가 있으니 관심을 갖게 되고, 관심이 있으니 관찰을 하게 된다. 人災는 자신의 오감조차 제대로 활용하지 못한다. 흥미 있는 것이 없으니 깊은 관심과 관찰 없이 '그냥' 살아간다. 반면 인재는 흥미 있는 것은 물론 호기심 가득한 눈으로 새로운 변화를 찾아 세상을 활보한다. 특별히 관심 있는 내용은 집중적으로 관찰한다. 흥미가 없더라도 새로운 변화라면 관심 영역에 둔다. 마트에 가서 인기 있는 바나나 막걸리를 보면서 앞으로 막걸리가 어떻게 변화할지 상상해본다. 주위에 있는 복숭아·크림치즈 막걸리 판매도 체크해본다. 주점에서 이런 신상품이 팔리는지 살펴보기도 한다. 이런 상품을 구비한 주점의 주인 관상을 보기도 한다. 관심과 관찰 그리고 확대해서 연결하는 과정이 바로 창의성을 높이는 과정이다. 창의성이 높은 사람은 육감이 발달했다. 육감이 더 발달하면 통찰력이 생긴다.

단순 vs 융합

영화 〈터미네이터〉는 스스로 학습하고 진화하는 인공지능이 인간을 멸종시키려고 시도하는 것이 주제다. 〈터미네이터〉 1편이 나온 해는 1984년이다. 이때는 PC가 막 개발되던 시점이었다. 그리고

32년이 지난 후 인공지능 알파고는 가장 지적인 게임이라는 바둑에서 인간을 완벽하게 이겼다. 2005년 개봉한 〈아일랜드〉는 유전자를 복제한 인간을 격리 수용하다가 본인의 장기가 기능을 상실했을 때, 격리된 복제 인간의 장기를 이식하는 내용이다. 누가 진짜인지 모르는 현대판 장자(莊子)의 '나비의 꿈'이 아닐까?

미래사회를 주제로 다룬 영화를 보면 한 가지 의문점이 있다. 시나리오 작가와 과학자에 대한 궁금증이다. 과학자들이 이런 기술을 먼저 개발한 후 작가와 영화감독에게 알려줬을까? 아니면 이런 영화를 보고 과학자들이 기술을 개발했을까? 아마 둘 다 맞을 것이다. 중요한 점은 처음 이런 영화의 주제를 생각한 사람은 확실히 일반인과 다를 것이라는 사실이다. 이런 생각을 처음 한 사람이 바로 창조형 인재다. 흔히 창조형 인재는 과학기술 분야나 특정한 마케팅 분야에 있는 것으로 오해하지만, 창의성은 세상의 모든 영역에서 필요하다.

창조형 인재가 여타 인재와 다른 점은 항상 연결성과 융합을 생각한다는 점이다. 기술 하나만 생각한다면 이런 영화가 나올 수 없다. 그는 기술의 진보를 관찰하고 공부하면서 파급될 영향력을 깊이 생각한다. 새로운 기술이 어우러져 만들어낼 미래 세상 전반에 대한 관심도 지대하다. 여기서 중요한 점이 연결이다. 미래는 다양한 현상, 기술이 하나의 도가니 속에서 녹아 만들어진다. 융합적 현상이라는 의미다.

훌륭한 과학적 식견이 있어도 자기 영역에만 머문다면 영화 〈터미네이터〉의 스토리를 생각할 수 없다. 전문성의 우물에서 허우적대는 人災인 것이다. 융합하려면 우선 공부를 다양하게 하는 것이 좋다. 〈아일랜드〉의 작가는 중국 고전인 『장자』(莊子)의 '나비의 꿈'을 읽었을 개연성이 높다. 다양한 지식이 창조적 지혜를 만들어낸 것이다. 세상을 뒤흔든 성과를 낸 인물일수록 학력과 경력이 복잡하다. 페이스북의 마크 저커버그(Mark Zuckerberg), 애플의 스티브 잡스, 테슬라의 엘론 머스크(Elon Musk)도 대학교나 대학원을 중퇴하고 다양한 경력을 쌓았다. 한국에서도 '진품 흙수저'로 불리면서 넷마블의 기업 가치를 LG전자 수준으로 만든 방준혁 의장은 고교 2학년 때 중퇴했다. 그는 최신 트렌드를 재빠르게 포착해 게임에 적용하는 능력이 탁월하다고 한다. 단순한 것을 모으고 융합해서 빠르게 현실에 적용하는 것이다. 방준혁 의장의 성공 스토리는 미국형에 가깝다. 열악한 한국적 상황을 스스로 극복했다. 방 의장의 성공 스토리를 지향점으로 두어야 하겠지만 현실적으로 일반인이 따라 배우기는 사실 쉽지 않다.

한국은 창업환경과 교육의 다양성이 매우 열악한 나라다. 우선 본인 스스로 다양성을 연마하기 위해 독서를 하거나 경험을 쌓아야 한다. 해외에서 열리는 글로벌 IT 가전산업전시회인 시이에스(CES), 통신 관련 박람회인 엠이시(MEC), 글로벌 모터쇼 등에 가보면 좋겠지만 비용이 많이 든다. 국내에서는 코엑스 등에서 열리는 주요 전시회를 자주 찾아보거나 과학기술 세미나에 참가해보는 것도 한 방법이다. 유튜브에서 신기술과 관련된 동영상을 자주 보는 것도 좋다. 기업은 다양한 전공을 이수한 직원을 채용하는 것이 좋다. 서로 다른 학문적 견지에서 비즈니스를 파악하도록 하는 것이다. 한국 기업에서 창의적인 제품이 적게 출시되는 것은 연결성과 융합에 대한 인식이 부족하기 때문이다. 서로 다른 기술과 현상을 연결해서 생각하는 습관은 융합 과정을 거쳐 창의성을 만들어낸다.

소음 vs 신호

출시 후 6개월간 품귀 현상을 빚은 허니버터칩은 새우깡, 맛동산, 초코파이와 같이 수십 년 인기가 이어질 메가 브랜드가 될 분위기였다. 초기 성공에 고무된 해태제과는 360억 원을 투자하여 허니버터칩 공장을 증설했다. 짠맛에서 달콤한 맛으로 감자칩의 개념이 완전히 바뀐 것으로 판단했다. 하지만 신규 공장이 완공된 후 허니버터칩 판매는 만족스럽지 않았다. 달콤한 감자칩의 유행이 사그라들었기 때문이다. 반면 오뚜기는 2016년 진짬뽕이 대단한 인기를 누렸지만 공장을 증설하지 않았다. 나가사키 짬뽕과 허니버터칩 같은 실패를 염려했기 때문이다. 소비 트렌드가 기업이 따라가지 못할 정도로 짧아졌고 빨리 변하는 점을 간파한 것이다.

관심을 가지고 관찰을 많이 할수록 좋지만, 관찰 결과가 단순한 일회성 노이즈인지 아니면 중심 추세로 자리 잡았는지를 파악하는 것이 더 중요하다. 깊은 고려 없이 새로운 추세로 받아들이면 오히려 역효과를 낼 수도 있다. 오너의 판단력이 약한 국내의 모 금융회사는 컨설팅회사의 조언에 지나치게 의존했다. 컨설팅회사가 전망하는 미래 변화와 새로운 경영기법을 비판 없이 수용했다. 자신들의 결론이 아니라 컨설팅회사가 제시하는 미래 변화에 맞춰 새로운 상품을 출시하고 조직개편을 빈번하게 단행했다. 고령화와 금리가 하락하는 중심 신호를 감지하지 못하고 사소한 변화(소음)에 회사가 갈지(之)자 행보를 보였다. 직원들의 건의는 변화에 대한 무지라고 여기면서 아예 무시했다. 이런 경영이 10여 년 지속되자 노련한 임직원이 줄어들었다. 소음에 집착했던 이 회사는 지금 큰 위기에 봉착해 있다. 획기적인 변화를 발견했다 하더라도 이것이 소음인지 거대한 변화 신호인지를 판단하는 능력이 더 중요하다.

인재는 필요 없는 소음과 중요한 변화를 구분하려고 고민한다. 쏟아지는 정보 속에서 변화의 방향을 찾으려 고민한다. 외부의 조언을 듣고 스스로 공부도 한다. 자기 판단이 100% 옳다고 생각하지 않는 겸손한 자세로 변화를 바라본다. 한국의 특수성, 자신이 속한 조직의 능력도 감안해야 한다. 중요한 신호와 단순한 소음을 구별하는 것은 매우 높은 경지의 능력이다. 물론 '틀림'과 '다름'의 구별에도 능숙해야 한다. 잘못되었는지, 다른 방법이 있는지를 동일한 비중으로 고민해야 한다.

단일 종목 vs 이종격투기

다른 업종 간에 격돌하는 이종격투기가 거의 모든 영역에서 적용되고 있다. 인공지능(AI) 기반의 자동 번역기가 2020년대 초반이면 출현 가능하다고 한다. 이때가 되면 영어 학원이 줄어들지 않을까? 외국어 수재들이 입학하는 대학의 통번역학과 역시 지원자가 있을까? 세계가 글로벌화되면서 사람들의 욕구도 다양해지고 있다. 상상조차 할 수 없었던 제품이 기계의 도움으로 나타나고 있다. 기업의 견지에서 보면 **소비자, 제조방법, 유행, 기능 등이 자신이 속한 산업 밖에서 도전해오고 있다.**

산업의 경계를 넘는 이종격투기는 다양한 차원에서 나타나고 있다. 초보적 단계의 이종격투기는 '대체'의 의미가 강하다. 바이오 기술이 보약을 대체하는 것, 공인중개사 업무를 변호사가 수행하는 것 등 많은 분야에서 '대체'가 활발해지고 있다. 우리가 흔히 창조적이라고 찬사를 보내는 것은 대체성 이종격투기인 경우가 많다. 그러나 이런 식의 대체는 누구나 쉽게 적용할 수 있다. 앞으로는 더 수준 높은 대체만이 상품성을 가질 수 있다.

대형마트의 이종격투기

이종격투기가 좀 더 진전되면 새로운 형태의 가치를 만들어낸다. 기존의 인식을 넘어서는 새로운 무언가를 만들어낸다. 유통업종의 사례를 살펴보자! 백화점이나 대형마트에 가면 자체 상표라 불리는 PB(Private Brand) 상품 비중이 빠르게 늘고 있다. 대형마트가 주문자 상표방식(OEM)으로 대량 주문하기 때문에 제조회사의 생산 원가는 하락해서 그만큼 싸게 납품할 수 있다. 이 상품은 대형 할인마트의 브랜드를 달고 있기 때문에 제조사 브랜드보다 신뢰감을 얻을 수 있고 더 비싸게 팔 수도 있다.

이때 대형마트로서는 세 가지 영역에서 이점이 생긴다. 일단 기존의 유통마진은 그대로 챙긴다. 대량 주문하기 때문에 원가가 떨어져 싸게 납품받을 수 있다. 중소기업 제품에 대형마트 브랜드를 보강했기 때문에 더 비싸게 받을 수도 있다. 즉 기존 유통 마진 + 원가 하락 + 판매가격 상승 등 세 영역에서 돈을 벌게 된다.(그러나 실제로는 대형마트가 판매가격을 이전보다 더 낮추는 것이 일반적이다. 이런 현상은 결국 제조업자의 몰락을 가져올 수 있다.) 제주항공은 기내 상품 판매량의 50%가 PB상품이다. 이런 창조적인 것을 생각하는 분야가 진짜 인재가 활동하는 영역이다.

★ ★ ★

트리플 카오스로 세상을 구성하는 기초 여건이 완전히 바뀌고 있다. 과거 방식으로는 극복이 불가능하고 오히려 악화될 수도 있다. 위기 극복 전략을 구사하기에 앞서 사람이 먼저 바뀌어야 한다. 이는 철학이 있는 인재만 가능하다. 여기서 철학이란 세상을 보는 자신만의 확고한 신념체계와 남다른 능력이다.

3장

미래 조직 속의 인재

격

새로움을 만들고 위기를 해결하는
모든 것은 조직 속에서 이루어진다.
리더는 자신의 격(格)을 높여
팔로어의 자발적 충성심으로
조직을 경영한다.

格
격

우스갯소리로 서울대 법대생끼리 모여도 하루만 지나면 그중에서 리더가 나온다고 한다. 두뇌가 가장 뛰어나면서 학창 시절 반장, 전교회장을 도맡아 했을 서울대 법대생들조차도 리더십에서는 서열이 있다는 얘기다. 초원의 사자 무리도 사냥에 나서면 작전을 짠다. 사슴을 쫓는 사자, 길목을 지키는 사자 등 각자 서로 다른 역할을 분담한다. 물론 이런 모든 것은 리더가 지시를 내린다. 리더는 어느 사회에나 존재한다. 수백만 년 전 수렵채취시대에도 리더가 필요했을 것이다. 혼자서는 불완전한 존재인 인간이 조직을 꾸려서 분업해 일하게 되면 높은 성과를 낼 수 있기 때문이다. 그래서 역사의 대부분이 조직을 지휘하는 리더의 역사일 수밖에 없다.

리더의 전통적 역할은 지도를 파악하고 자신의 능력과 판단을 이용해서 조직의 진로를 결정하는 것이다. 또 조직 구성원들이 같은 방향으로 움직일 수 있도록 조직문화를 만들고 열심히 일하도록 동기를 부여한다. 이런 과정을 거쳐 최종 목적지에 도착했을 때는 목표를 달성해야 한다. 조직원들이 행복할 수 있는 결과도 만들어내야 한다. 실무에서 일한 사람이라면 이런 과정이 결코 간단치 않다는 사실을 실감할 것이다. 거의 신(神)을 방불케 하는 영역이다.

그런데 기계와 로봇이 판치는 미래에도 리더가 중요할까? 이미 기업에서는 점점 기계가 많은 일을 담당하고 있다. 사회 시스템도 효율적으로 변하고 있다. 일을 처리할 때 매뉴얼로 정의된 부분이 늘어나고 있다. 변화가 발생할 때마다 다른 의사결정을 내리는 상황이 줄어들고 있는 것이다. 사람들의 마음을 모아 목표를 달성하는 리더는 이제 수명을 다했을까?

기계가 많은 일을 수행하게 되었지만, 어떤 기계를 도입해서 누가 그리고 어떻게 운용할지를 결정하는 것은 여전히 리더의 몫이다. 정보통신이 발달하면서 거의 모든 정보를 조직원 전체가 공유한다. 조직원이 정보를 많이 알고 있으면 조직 내에서 이견이 많아진다. 조직을 통합해서 목표를 달성하기가 과거보다 더 어려워진다. 이는 인류 역사상 바로 지금이 개인주의가 가장 심화된 시기라는 시대적 특성으로 이어진다. 조직원이 더 똑똑하고 이기적이기 때문에 조직원을 이끌어서 목표를 달성하기가 예전보다 어려워졌다. 더 많은 능력을 발휘하고 더욱더 노력해야 한다.

앞으로 우리가 마주하는 세계는 과거와 같은 온화한 세상이 아니다. 격렬하게 변하면서 상호 이해가 치열하게 충돌하는 세상이 될 것이다. 트리플 카오스가 만들어낸 불확실성은 특정 시점의 위기와 변화가 아니다. **불확실성, 격렬한 변화와 갈등은 이제 기초 환경으로 굳었다.** 조직이 처한 환경이 예측 불가능해지기 때문에 선장의 역할이 더 중요해졌다. 과거보다 더 많은 의사결정이 리더에게 집중되고 있다. 단 한 번의 잘못된 의사결정이 모든 것을 날려버릴 수도 있다. 따라서 슈퍼맨 자질이 있는 미래형 리더가 필요하다.

이 책에서 제시하는 미래형 리더는 과거의 리더십 이론에 따른 리더와 큰 차이는 없다. 오히려 과거에 리더가 가져야 했던 딕목을 우선 강조하고 싶다. 조직이 처한 환경이 과거보다 훨씬 불확실해졌기 때문이다. 역사적으로 통용되는 리더의 자질은 트리플 카오스 시대에도 여전히 통용된다. 오히려 강해진 느낌이 든다. 예를 들어 사람들의 개인주의 성향이 더 세졌기 때문에 '솔선수범', '자기희생' 등과 같은 전통적 리더십은 오히려 더 효과적일 수 있다. 리더이건, 팔로어건 모두 개인주의자라면 자기를 희생하며 솔선수범하는 리더는 조직을 더 잘 이끌어가면서 리더로서 성공할 수 있다. 따라서 우리가 과거부터 리더의 덕목이라고 알고 있던 내용은 불확실한 환경과 개인주의가 만나면서 더욱 중요해졌다. 전통적 리더의 자질은 과거보다 확실히 효과가 있다. 다만 이 책에서 강조하고 싶은 것은 이러한 전통적 리더의 자질에다 미래형 인재의 능력과 미래형 조직의 상황을 반영하자는 것이다.

인재와 리더

리더는 기업, 공공기관, 사회단체, 친목모임 등과 같이 공적·사적 공동체에서 의사결정을 하면서 공동체를 긍정적으로 발전시키는 사람이다. 자신의 의사결정에 책임을 지고, 공동체와 자기 행복을 동일한 가치로 여긴다. 인재의 지향점은 리더와 유사하다. 인재는 리더의 모든 요소를 가지고 있다. 그러나 인재는 리더보다 철학적 소양이 더 튼실하다. 자아실현 등 삶의 의미와 철학을 중요한 가치로 둔다. 인간적인 매력도 넘치고 항상 새로움을 추구한다. 조직과 함께 성과를 추구하면서 주변을 배려하기도 한다. 인재는 리더의 덕목을 갖추고 있다. 그러나 리더라고 해서 모두 인재는 아니다. 역사를 빛낸 많은 영웅은 대부분 리더다. 리더십이 강했던 영웅들은 성취 과정에서 인간적 매력이 부족했던 경우가 많았다. 삶을 비참하게 끝낸 사례도 쉽게 찾을 수 있다.

리더는 조직의 발전을 이루기 위해 손에 피를 묻힌다. 리더에게 패배한 경쟁자에게는 앙금이 남아 있을 것이다. 이런 이유로 리더는 같은 시대를 사는 사람들에게서 존경을 받기가 어렵다. 오히려 뒤에서 험담을 늘어놓고 안주로 삼는 경우가 더 많다. 리더는 일반적으로 퇴임하거나 사망하고 나서 시간이 흐른 뒤 재평가받는다. 반면 인재는 동시대를 사는 사람에게도 존경을 받는다. 이런 이유로 리더와 인재는 미묘한 차이가 있다. 이 책에서 다루는 인재는 개인적인 성공과 조직의 성공을 동등한 가치로 둔다. 공정한 방식으로 업무를 처리하고 사회 전체의 발전을 이루려고 노력한다. 뛰어난 인품으로 다른 조직원에게 긍정적인 영향을 준다. 개인적 자질을 먼저 갖춘 후 리더를 지향하는 것이다. 한마디로 일반인들과 격(格)이 다르다. 이 책에서는 과거부터 이어온 인재의 자질에다 미래의 변화와 대응 능력을 강조한다.

일반적으로 인재가 되려는 이유는 리더가 되기 위해서다. 2장 '철(哲)'에서 인재의 개인적 특성을 살펴봤다면, 3장 격(格)에서는 '미래형 리더'로서 인재에 대해 살펴본다. 특별히 3장에서는 인재라는 용어 대신 리더라는 어휘를 사용한다. 반면 과거에는 훌륭한 리더였으나 변화에 뒤처진 과거형 리더는 人災로 그대로 지칭한다. 그의 리더십은 과거에만 통했을 뿐이다. 미래에는 오히려 조직의 성장에 방해가 될 수도 있는 그는 이제 리더가 아니다.

미래형 리더의 조건

21세기 대한민국의 가장 큰 불행은 무엇일까? 내가 보기에는 닮고 싶은 리더가 별로 없다는 점이다. 특히 살아 있는 인물을 존경하는 일은 전무한 상태다. 2016년 교보문고의 어린이용 위인전 판매 순위 1위는 개그맨 유재석이다. 10위 내에는 스포츠 스타가 대부분을 차지한다. 축구의 메시와 박지성, 피겨스케이팅의 김연아, 육상의 우사인 볼트, 야구의 류현진 등이다. 이순신 장군은 8위, 세종대왕은

11위였다. 우리 사회에서 아이들이 존경하는 생존 인물은 스포츠 스타나 연예인밖에 없는 것 같다. 이런 경향은 아이들뿐 아니라 책을 선택해준 부모세대까지도 사회의 리더그룹을 불신하고 있다는 증거다.

'부장껌'을 아세요?

회사에 다니는 사람 중에 자신의 리더를 존경하는 사람이 얼마나 될까? 존경은커녕 씹어 뱉는 껌으로 치부하는 경우도 많다. 모 식품회사가 내놓은 신제품 이름이 '사장껌', '부장껌'이다. 사장껌과 부장껌의 목표 소비자는 직장인이다. 이 껌을 씹으면서 직장생활의 스트레스를 날리라고 한다. 박하향이 강한 사장껌은 타우린과 천연 카페인 성분을 함유하고 있다. 새콤한 맛이 나는 부장껌에는 비타민 C와 유산균이 들어 있다. 사장껌과 부장껌을 씹으면 건강에 좋다고 광고한다.

누구나 리더의 중요성을 인정한다. 업무능력 부족 같은 기능적 측면에서 리더를 비판하는 것은 합당하다. 그러나 한국에서는 능력보다는 리더 개인의 본성에 대한 불신이 더 큰 비중을 차지한다. 능력은 인정하지만 그가 해당 업무를 왜 지금 이런 방식으로 처리하는지 의심한다. 다른 의도가 있는 것으로 보기도 한다. 인간적으로 그가 왜 그 직위에 있는지 자신이나 주변과 비교한다. 총체적으로 리더를 불신한다고 보면 틀림없다. 미래를 내다보기도 어려운데 불신까지 팽배한 이때에 조직에서 리더는 어떻게 해야 할까?

과거 성장시대에는 경제와 기업이 동반 성장했기 때문에 적어도 기업에서 부서장 정도까지는 성장이 가능했다. 그러나 성장이 정체된 지금은 자신이 성장하려면 직속상사를 낙마시키든지 뛰어난 동기생이나 후배를 넘어뜨리는 것으로 변하고 있다. 바둑 격언에 '아생연후살타(我生然後殺他)'라는 말이 있다. 내가 먼저 살아남은 후 상대방을 공격하라는 뜻이다. 그러나 21세기 한국에서 살아남는 방법은 상대방을 먼저 죽이는 것으로 바뀌었다. 내가 살려면 반드시 경쟁자를 제거해야 한다고 인식하는 사람이 많아졌다. 이런 사회구조에서 리더로 성공하려면 능력이 과거보다 훨씬 뛰어나야 한다. 또 인간적인 측면에서도 조직원의 자발적인 존경을 받기 위한 자질이 필요하다. 능력과 훌륭한 인격을 겸비하고, 전략과 전술을 구사하는 영웅 같은 면모를 지녀야 한다. 그렇다고 지레 겁먹을 필요는 없다. 아직 人災형 리더의 비중이 매우 높기 때문에 인재의 자질과 리더의 덕목을 익힐 시간은 충분하다. 게다가 人災의 마음과 행동은 빨리 바뀌지 않는다.

5급 vs 알파고

바둑을 처음 시작하면 급수가 18급이다. 바둑의 오묘한 맛과 전략을 어느 정도 이해하려면 적어도 5급은 되어야 한다. 5급은 바둑의 기본 정석과 전략을 어느 정도 알고 있다. 멋을 부릴 줄도 안다. 당구로 치면 200점 정도와 유사할 듯하다. 가장 재미있는 단계이지만, 수를 읽는 능력은 여전히 하수다. 3~5수를 예측하는 수준이다. 그러니 실수가 많다. 영원한 바둑의 전신(戰神) 조훈현 국수에 따르면, 그는 한번 싸움이 붙으면 200수 정도 앞까지 내다본다고 한다. 그러나 세계 최고수인 바둑 9단도 이제는 알파고보다 하수다. 자율주행 자동차뿐 아니라 앞으로 상용화될 로봇시대에는 인공지능이 필수다. 인공지능은 냉정하다. 또 200수가 아니라 거의 무한대에 가까운 수를 검토할 수 있다.

人災는 감정 기복이 심하다. 특정 사안이 발생하면 바로 맞대응한다. 약간 흥분한 상태로…. 그리고 스피드(Speed) 경영을 한다고 스스로 위안한다. 그러나 막상 중요한 의사결정에서는 우왕좌왕하면서 그렇다고 결단을 빠르게 내리지도 못한다. 바둑 5급 수준인 것이다. 리더는 인성적으로 침착하다. 다급한 상황에서도 여유를 부린다. 이른바 마음의 균형(Mental Balance)이 있다. 마음의 균형은 평정심과 유사한 개념이다. 경직되지 않고 유연하게 변화에 대응하는 능력이다. 리더가 흔들리면 그 조직은 바로 길을 잃게 된다. 전쟁영화를 보면 리더들은 항상 침착하다. 위기 상황에서 때로는 농담을 던지기도 한다. 이런 리더는 선의(善意)의 교활함까지 갖추고 있다. 한 호흡 길게 가져가면서 머릿속에서 별의별 생각을 다한다. 이럴 때에도 표정에는 변화가 없다.

교활한 리더?

불확실한 위급 상황에서도 리더는 부하들의 보고를 정상적으로 받고 대응 방안을 물어본다. 자기 판단과 부하 판단을 비교하면서 서서히 의사결정을 한다. 뒤에 발생할 가능성이 있는 2차, 3차 변화 요인까지 감안한다. 즉 추가 변화에 대한 판단이 반드시 있어야 한다. 많은 수를 헤아려봐야 한다는 의미다.

리더는 조직을 위해 때로는 거짓말을 할 수도 있다. 충신을 거세할 정도로 냉정해야 한다. 또 그 충신의 후임으로 누구를 둘지 마음속으로 서너 명 정해서 관찰해야 한다. 그런 리더의 심리를 부하직원들이 눈치채지 못하게 하는 교활함(?)이 있을 때 자연스럽게 리더의 권위가 강화된다. 물론 사적인 자리에서는 다양하게 소통해야 한다. 다만 조직운영 방안이나 인사문제 등 **중요한 사항을 다룰 때는 표리부동(表裏不同)할 정도로 냉정함이 있어야 한다. 이때 리더는 비로소 알파고가 되는 것이다.** 그렇다고 모사(謀事)꾼이 되라는 의미는 아니다. 교활함이 조직을 위한 것일 때 리더의 능력으로 인정받을 수 있다. 향후 한국 기업의 종업원들은 편안한 환경에서 성장한 세대가 주류를 이룰 것이다. 헝그리 정신으로 똘똘 뭉친 부모 세대와 달리 이들은 부모의 많은 도움과 영향력 속에서 성장했다. 이들은 바둑으로 치면 5급도 안 될 정도로 이기적이고 순진하다. 리더와 조직원 간에 의식의 엇박자가 발생하는 이유다.

정보통신의 발달로 리더의 언행은 모두 곧바로 모든 조직원에게 전달된다. 냉정하게 더 많은 생각을 할지라도 언행에 신중해야 한다. 부장이 일장 훈시를 하는 동안 직원들은 카톡이나 메신저로 부장의 말을 조목조목 반박할지도 모른다. 회의가 끝난 뒤 '부장껌'을 씹을 수도 있다. 알파고는 잔재주를 부리지 않는다. 누구를 미워하지도 편애하지도 않는다. 오직 주어진 목표에만 집중한다. 한국의 리더가 알파고에게서 배워야 할 덕목이다.

부속품 vs 팔로어

인간은 다른 사람에게서 인정받고 싶어 한다. 또 다른 사람을 지배하고 싶어 하는 이중적 성향이 있다. 이 모든 것은 조직 속에서 발생한다. 조직 구성원을 유무형의 권력으로 지배하는 사람이 리더다. 그래서 누구나 리더가 되기를 원한다. 동창회 같은 친목모임이 아니라면 리더도 처음에는 조직의 가장 밑단에서 시작한다. 조직의 작은 구성원 또는 선배 리더를 따르는 팔로어로 조직생활을 시작한다.

人災는 조직생활 초기에 두 유형으로 나뉜다. 일반적인 경우는 선배나 리더의 지시를 충실히 따르는 것이다. 우물 안에서 만족하면서 부속품에 안주하는 개미가 되는 것이다. 그는 처음에는 동기들과 비슷한 수준이지만 시간이 지날수록 조금씩 뒤처진다. 이렇게 지속적으로 간격이 벌어지면 그는 리더가 될 수 없다. 가장 많은 비중을 차지하는 부류다. 또 다른 유형은 자기 능력과 위치를 넘어 바로 리더를 지향하는 경우다. 전체 업무의 맥락을 이해하지 못한 채 권력만 추구하는 부류다. 통상 이런 직원들은 회사 경영 방침에 불만이 많다. 시도 때도 없이 상사에 대한 인물평을 하기도 한다. 그의 바람과 정반대로 그는 영원히 부속품에 그칠 확률이 높다. 그에게 필요한 것은 우선 회사의 방침을 따르면서 왜 이런 전략이 나왔는지, 이 전략에서 자기 역할은 무엇인지 이해하는 일이다.

팔로어는 부속품과 마찬가지로 조직에서 작은 부분을 담당한다. 해당 업무의 초보자이기 때문에 작은 일을 맡는다. 조직의 초년생은 정교한 시계의 작은 부속처럼 자신의 역할에 충실해야 한다. 물론, 본인이 없으면 시계가 작동하지 않는다는 자부심도 있어야 한다. 그러나 그는 전체 흐름을 읽으면서 자기 일을 한다는 차이가 있다. 시계가 돌아가는 전체 메커니즘을 이해하면서 작은 일에 충실한 것이다. 이런 노력이 쌓이면서 그는 부속품에서 팔로어가 된다. **훌륭한 성과를 내는 직원들의 공통점은 자기 업무를 회사 전체의 방향 속에서 찾는다는 것이다.** 이런 직원은 부속품에서 팔로어를 거쳐 빠른 시간 안에 리더로 변신하게 된다. 신입사원일지라도 회사 전체의 조직과 역사를 외우고, 주요 재무비율과 경영전략을 이해해보자! 경쟁 기업의 상황도 파악해보자! 비록 지금은 작은 일을 하는 부속품이지만, 먼저 회사의 방향을 이해하고 따르는 팔로어가 되어야 리더가 된다.

리더는 뛰어난 팔로어 시기를 거친다. 그냥 팔로어 역할만 하는 게 아니다. 조직 전체에서 자기 분야에 대해 자부심을 느끼며 최선을 다한다. 팔로어는 실무 담당자다. 팔로어 시절은 일종의 수련 기간이다. 적극적인 팔로어는 조직문화를 빠르게 습득한다. 후배들이 입사하면 자신의 실패와 성공 사례에 비추어 깊은 관심을 기울인다. 후배들은 이런 선배를 자연스럽게 따르게 된다. 즉 '팔로어의 팔로어'가 되면서 리더의 첫 관문을 넘는 것이다. 상사들은 자신을 잘 이해하는 팔로어가 얼마나 귀해 보일까? 이런 팔로어 과정을 거쳐 리더가 탄생한다. 리더와 팔로어의 관계가 깊어지면 팔로어는 리더의 충실한 참모가 될 수도 있다. 이런 관계는 자발적인 멘토와 멘티 관계로 발전된다. 이후 궁극적으로 상호 동반자가 된다.

최근 한국 사회에서 공채 출신 CEO가 다수 탄생하고 있다. 제조업은 10여 년 전부터, 금융 등 서비스업종은 2014년경부터 공채 출신 CEO가 많아졌다. 이들은 입사 후 30여 년 동안 해당 기업의 밑바닥에서부터 성장해왔다. 많은 동기생이 조직의 부속품으로 만족할 때 이들은 회사 전체의 전략을 이해하고, 스스로 공부하는 적극적인 팔로어 시기를 보냈다. 이들은 회사와 자신을 일체화할 정도로 애사심도 뛰어나다. 공직에서도 비슷한 추세가 나타나기 시작했다.

공채 출신 CEO가 늘어가는 것은 700만 명이 넘는 베이비붐 세대(Baby Boomer, 전쟁 후 또는 혹독한 불경기를 겪은 후 사회적·경제적 안정 속에서 태어난 세대. 우리나라의 베이비붐 세대는 한국전쟁이 끝난 후인 1955년부터 1963년 사이에 출생한 사람이다)가 50대를 넘기면서 나타나는 시대적 현상이기도 하다. 또 각광받던 외자계 기업, 공직, 컨설팅회사, 학계 출신 리더십이 상대적으로 빛을 보지 못했기 때문이기도 하다. 그들은 해당 조직에서 팔로어 시기를 거치지 않았다. 외부에서 갑자기 임명되어 기업문화나 회사 상황에 문외한일 것이다. 개인의 스펙에만 집중한 경력 때문에 조직을 이끌 리더십도 빈약하다. 한국의 특수성에 대한 이해력도 부족하다. 트리플 카오스를 돌파하려면 팔로어 시기를 오래 거친 리더가 필요하다. **리더가 되고자 하면 먼저 좋은 팔로어가 되어야 한다.** 가정에서도 마찬가지다.

훌륭한 성과를 내는 직원들의 공통점은 자기 업무를 회사 전체의 방향 속에서 찾는다는 것이다. 이런 직원은 부속품에서 팔로어를 거쳐 빠른 시간 안에 리더로 변신할 것이다. CEO뿐 아니라 작은 조직의 팀장까지 자율성을 추구할 때, 그 조직은 집단지성의 단계에 오를 수 있다. 집단지성이 가동되는 조직은 다양한 정보가 엄청나게 유통되기 때문에 유연하다.

지위 vs 수준

경제개발 역사가 60여 년에 도달하면서 개척 세대인 1세들이 사망하고 2세와 3세의 사회 참여가 늘고 있다. 앞으로 이런 추세는 더욱 확대될 전망이다. 최근에는 '상속 자본주의'라는 용어마저 등장했다. 돈, 권력, 네트워크까지 부모 세대에게서 물려받은 세대가 대거 리더그룹으로 등장했다. 이들에게 가장 필요한 것은 리더로서 자질이다. 이들은 상속받은 회사의 목표와 자기 목표를 일치시켜야 한다. 단순히 돈과 지위를 추구하는 탐욕만 있다면 해당 조직의 앞날은 암울하다. 人災가 리더인 기업이 될 수도 있다. 개인으로서 人災도 불행하지만 人災가 리더가 되면 최악이다. 리더는 유전적으로 물려받는 것이 아니다. 스스로 깨닫고 만들어가야 한다.

리더가 추구하는 것은 지위가 아니라 수준이다. 예를 들어 리더의 삶의 목표는 이런 식이다. 우리 회사가 '세계 최초/최고로 무엇을 만들겠다', '한국에서 유일하게 ○○한 서비스를 제공하겠다', '우리 회사 고객들이 가장 행복하도록 하겠다.' 공직자는 '회사'를 '한국'으로 치환하면 된다. 즉 가장, 최초, 최고 등 유일무이하고 선구자적인 역할을 목표로 삼는다. 개인 차원에서 강조한 삶의 목표와 철학을 조직에서의 목표로 바꾸었다고 보면 된다.

수준을 강조하는 리더의 목표를 조직원들이 이해하게 되면 자발적인 존경심과 팔로어십이 발동한다. 이와 더불어 조직에 대한 애정도 깊어진다. 리더는 자신이 정한 목표를 조직원과 함께 이루어가는 과정에서 삶의 의미를 찾는다. 반면 人災는 '10년 내 사장이 되겠다', '3년 내 매출액을 3배로 올리겠다', '주식시장에서 시가총액을 2배로 늘리겠다'와 같이 숫자적인 목표(소망형 목표)와 함께 자기 지위를 높이는 데에만 중심 가치를 둔다. 그러나 **수준을 목표로 두면 지위는 자동으로 올라간다.**

오케스트라 vs 재즈

기술과 사회 변화를 감지해서 스스로 목표를 만들고 실행하는 조직은 '자율성'이 있는 조직이다. 목표 없이 단순 무질서 상태인 '자유'와 차이가 있다. 경쟁 기업이 신제품을 개발하면 회사 내 모든 조직은 경영자의 지시 없이도 이 제품을 입수해서 분석한다. 개발부서는 기존 제품과 차이점을 분석한다. 생산부서는 조만간 자사의 신제품 개발을 예상해서 필요 장비를 알아보고 공간을 마련한다. 마케팅부서는 소비자의 반응을 체크하고 왜 경쟁사가 이런 제품을 만들었는지 분석한다. 기획파트는 각 부서의 변화 과정을 관리한다. 이런 변화가 동시에 자발적으로 발생해야 한다. 삼성전자는 애플에서 아이폰이 나오자 총력을 기울여 아이폰보다 기능이 우수한 갤럭시를 2년여 만에 만들어냈다. 이런 결과는 경영자의 뛰어난 능력 때문만은 아니다. 모든 조직이 자율성을 기반으로 총력을 기울인 결과다.

큰 조직은 작은 조직을 피라미드와 같이 쌓아서 만들어진다. 가장 작은 조직은 사람으로만 구성된다. 우선 사람으로 구성된 가장 작은 조직부터 자율성이 높아야 한다. 그다음에는 작은 조직 간의 소통과 의사결정이 자율적으로 이루어져야 한다. 이후 점점 더 큰 단위의 조직까지 자율성이 높아지면 조직 전체의 자율성이 높아진다. 자율성의 피라미드가 완성되는 것이다. 결국 가장 작은 조직의 자율성이 전체 조직의 자율성을 만드는 것이다. 따라서 CEO가 자율적 문화를 만드는 것도 중요하지만, 가장 작은 조직의 리더인 팀장 등이 자율적인 조직문화를 만드는 것이 우선이 되어야 한다. 경직된 조직은 가장 작은 조직의 대표인 팀장의 권위주의에서 시작되는 경우가 많다. 이런 조직에 개방적이고 자율성을 강조하는 유능한 CEO가 온다 하더라도 별로 달라지지 않는다. 조직의 피라미드 전체에 '자율적 문화'가 공기처럼 있어야 한다.

자율적 문화가 지향하는 최고 단계는 집단지성이다. 개인과 조직이 슈퍼컴퓨터같이 서로 간에 정보를 자유자재로 교환하면서 스스로 문제를 해결하고 새로움을 추구하는 것이다. 따라서 **CEO뿐 아니라 작은 조직의 팀장까지 자율성을 추구할 때, 그 조직은 집단지성의 단계에 오를 수 있다.** 집단지성이 가동되는 조직은 다양한 정보가 엄청나게 유통되기 때문에 유연하다.

경영학에서는 조직의 유연함 정도에 따라 오케스트라형, 재즈형, 힙합형 등으로 나누기도 한다. 정해진 악보대로 정확하게 연주하는 오케스트라형 조직은 지휘자(리더)와 연주자(직원) 사이에 수직적 관계만 작동한다. 그러나 재즈나 힙합은 큰 구성은 공유하지만, 연주할 때는 연주자 사이에 몸짓, 눈짓으로 소통하면서 훌륭한 하모니를 만들어낸다. 자율성 있는 조직의 사례이며 집단지성이 가동되는 현장으로 볼 수 있다.『4차 산업혁명, 새로운 미래의 물결』이란

책에서 저자들은 재즈형을 4차 산업혁명 시대에 변화무쌍한 고객의
욕구에 대응하는 자세로 강조하기도 한다.

임원을 질투하는 CEO

우습게도 자율성이 높은 조직을 人災는 두려워한다. 집단지성
이 가동되는 조직은 아예 이해조차 하지 못한다. 조직원들이 매뉴얼
대로 일하지 않으면 사고가 날 듯한 두려움에 싸인다. 자신의 존재가
치에도 의문을 가지게 된다. '감히 내가 지시하지도 않았는데 이런
일을 해?'라는 식으로 오판한다. 모든 의사결정에 자신이 참여해야
한다는 독점적 사고를 한다.

한국적 특성상 임원들은 외부 활동이 많이 필요하다. 언론사와
접촉하거나 관련 공무원을 만나는 경우도 많다. 때로는 경쟁사의 지
인을 만나 정보를 얻을 수도 있다. 자율성이 높은 임원에 대해 人災
형 CEO는 부담감을 느낀다. 자기 자리를 빼앗기 위한 외부 정치로
간주하기도 한다. 때로는 자신만을 위해 임원의 동향을 감시하는 프
락치를 심거나 거세할 계획을 세우기도 한다. 임원은 자신이 맡고
있는 조직의 임무를 회사 전체의 시각에서 처리해야 한다. 즉 임원
은 자율성이 있어야 역할을 수행할 수 있다. 이때 오너나 CEO가 임
원을 질투(?)하면 그 회사는 완전히 수동적인 조직으로 변한다. 나는
오너와 CEO의 속 좁은 질투가 한국의 기업문화에서 혁신이 약한 중
요한 이유라고 본다.

조직의 자율성이 높아지려면 권한이양이 우선되어야 한다. 만

기친람(萬機親覽, 임금이 온갖 정사를 친히 보살피는 것)식으로 조직의 장이 모든 것을 관장하면 권한이양은 불가능하다. 권한이양은 리더가 자기 한계를 인식하고 각 분야 전문가를 인정하는 데서 출발한다. 창업주들은 기업을 키우는 과정에서 거의 모든 일을 혼자서 결정했다. 그의 판단이 옳았기 때문에 성공신화를 만들 수 있었다. 그러나 미래의 불확실성은 가속도를 내면서 빨라지고 있다. 한국 내 경쟁이 아니라 글로벌 경쟁 시대다. 반면 창업주는 경륜은 쌓였지만, 성공의 피로가 엄습하고 있을 것이다. 자신이 만든 성공신화에 갇혀 타인을 무시할 수도 있다. 새로운 정보를 취득하는 일도 줄어들 것이다. 판단력이 흐려지는 것이다. CEO가 자신이 모든 것을 가장 잘할 수 있다고 믿으면, 그 회사는 사망선고를 받은 것이다. 그런 그가 모든 권한을 붙잡고 있다면 사업부, 본부, 부서는 필요 없어진다.

CEO 등 리더는 권한이양으로 전문가들이 스스로 과제를 잘 해결하도록 관리해야 한다. 여기서 중요한 것이 시스템이다. 조직의 의사결정이 시스템에 따라 이루어지도록 합리적인 시스템을 구축해 놔야 한다. 물론 그 시스템이 너무 정교해서도 안 된다. 조직원들이 자발적으로 당연하게 따르는 합리적 시스템이어야 한다. 자율성이 높은 조직은 실무자가 모든 업무의 주인이다. 자신이 해당 업무의 주인이기 때문에 책임감과 자부심을 느끼게 된다. 실무자가 책임감과 자부심을 느끼며 일한다면 웬만한 어려움은 거의 해결된 것이나 마찬가지다. 조직을 통해 목적을 달성하는 기쁨은 그 어떤 기쁨보다 가치가 있다.

의사결정에 참여시켜라!

한국인은 유독 독립심이 강하다. 회사의 기획부서에서 외부 환경 변화에 따른 새로운 대책과 실행을 요구하면, 통상 영업부서에서는 "영업도 안 해본 너희가 뭘 안다고 지시해?" 혹은 "내가 전문가인데 감히…"라는 반응이 나온다. 작은 조직에서도 이런 문제는 항상있다. 원인이 뭘까? 한국인은 다른 사람이 시킨 대로 하는 것을 본능적으로 싫어하는 경향이 강하다. 옳은 일도 그러한데 어렵고 힘든 일이라면 더욱 반감이 강하다.

이런 문제를 해결하는 방법은 의사결정 과정에 다양한 부서의 실무 담당자를 참여시키는 것이다. 독립적이면서 자율성이 강한 한국인의 성격을 역이용하는 것이다. 물론 실무 담당자가 참여하는 의사결정 과정은 자유로운 분위기 속에서 진행해야 한다. 많은 실무 담당자가 참여해서 자유로운 분위기에서 의사결정을 하려면 시간이걸린다. 그러나 의사결정에 참여한 담당자뿐 아니라 관련 부서 전체는 자신의 존재감을 확인했기 때문에 더 치열하게 과제를 수행한다. 자율성에 기반을 둔 권한이양이 자연스러운 조직은 많은 문제가 수면 아래에서 저절로 해결된다. 권한이양이 두렵다는 것은 자신이 人災라는 의미다.

도산할 수밖에 없었던 은행

IMF 외환위기 이전 내가 법인영업을 할 때다. 지금은 사라진 모 은행의 투자 실무자와 주가 상승에 대해 서로 의견이 일치했다. 대리

급이었던 실무자는 주식 매수를 요청하는 내부 기안문을 만들었다. 이 기안문은 과장, 차장, 부장, 본부장, 부행장의 순서로 결재가 올라 갔다. 마지막 은행장의 결재를 마치기까지 거의 2개월이 걸렸다. 어렵게 결재를 받았지만 과속 상승했던 주가는 이미 하락하고 있었다. 그런데도 주식 매수 결재가 났기 때문에 실무자는 기안문대로 해야 했다. 그가 그렇게 하지 않으면 지시불이행으로 처벌을 받아야 한다고 했다. 해당 은행에는 그 누구도 한번 내린 결정을 번복할 수 없는 문화가 있었다. 비슷한 시기에 신한은행은 보유한 주식을 단기간에 처분했다. 신한은행은 당시에도 투자 의사결정이 자율적으로 이루어졌다. 이후 신한은행은 국내 최고 은행이 되었다. 반면 앞서 말했던 그 은행은 결국 도산해서 다른 은행에 합병되었다. 조직문화의 자율성이 생사를 판가름한 결과였다.

아직도 도산한 은행과 의사결정 구조가 비슷한 기업들이 많다. 더 놀라운 사실은 벤처기업에도 조직의 자율성을 무시하는 CEO의 비중이 높다는 것이다. 그들은 직원들의 수준이 낮다고 푸념한다. '내가 모든 것을 할 수밖에 없다'면서 힘들다고 하소연하기도 한다. 하지만 밖에서 보기에 그 벤처기업은 CEO가 더 문제다. 이런 기업은 성장은커녕 생존도 어려워 보인다. 여담이지만, 한국에서 4차 산업혁명이 융성하려면 벤처기업가의 경영능력을 높이는 일부터 해야 할 것 같다.

관료주의 vs 바이러스

나는 일본을 방문할 때 가끔 답답함과 불편함을 느낀다. 과도한 매뉴얼 때문이다. 일본은 모든 것을 매뉴얼화한 나라다. 오죽하면 '비효율을 매뉴얼'화한 나라라고도 한다. 청소부에게도 정교한 매뉴얼이 있다. 많은 일본인은 매뉴얼을 지키면서 안정과 질서를 유지하고 있다. 그렇다면 일본인은 행복할까? 일본 경제가 좋아지고 있을까? 전혀 그렇지 않다. 아베노믹스로 돈을 마구 뿌려대도 경제가 꼼짝하지 않는다. 오랜 시간에 걸쳐 만들어진 정교한 매뉴얼대로만 살아가기 때문이다. 앞으로 한국도 더 많은 매뉴얼을 만들 것이다. 불확실성이 증대될수록 국가와 기업은 새로운 규칙을 만드는 경쟁을 벌인다. 그러나 더욱 복잡해져가는 세상에서 매뉴얼로만 대응할 수 없다.

바이러스 전쟁이라는 말이 있다. 신종 바이러스가 출현하면 치료제를 만들지만, 곧바로 내성을 가진 변형 바이러스가 나타나는 현상을 일컫는다. 매뉴얼도 비슷하다. 평온한 시기에는 매뉴얼이 조직의 안정성을 높인다. 그러나 다가오는 변화의 시대에는 새로운 매뉴얼을 만들어도 환경이 곧바로 바뀔 것이다. 환경 변화가 매뉴얼을 만드는 속도를 추월할 것이다. 이런 상황이 되면 매뉴얼이 방해가 된다. 바이러스 전쟁과 마찬가지로 '매뉴얼과 변화 간의 전쟁'이 무한정 벌어질 것이다. 법규나 규칙으로 모든 문제를 해결할 수 없다.

人災는 매뉴얼 속에서 살아간다. 변화가 나타나면 과거 사례를 찾아보고 그대로 대응한다. 회사가 정교한 매뉴얼 속에서 자동으로 돌아간다는 착각에 빠진다. 거대한 기계로만 조직을 이해하는 것이다. 긱긱의 부서는 오직 매뉴얼로 주어진 일만 충실히 하면 된다. 이런 것을 흔히 '관료주의'라고 한다. 이는 집 근처 주민센터나 학교 교무실에서도 많이 발견된다. 자신에게 주어진 목표와 과제 이외의 일은 모두 '쓸데없는 일'로 여기는 것이다. 『최고의 리더는 아무것도 하지 않는다』라는 책은 제목만 읽었다. 이런 조직의 미래는 어떻겠는가? 굳이 설명하지 않아도 명줄이 길지는 않을 것이다. 매뉴얼로 움직이는 조직은 경직된다. 스스로 변화를 만드는 것은 고사하고 변화에 적응하지도 못한다. 바둑 격언에 '정석을 익힌 후 잊어버려라'라는 말이 있다. 바둑보다 복잡하고 알파고도 예측할 수 없는 인간 사회가 매뉴얼로만 작동될까?

물론 리더도 매뉴얼을 참조한다. 그러나 리더는 과거 방식만 적용하지는 않는다. 세상에 똑같은 사례는 없다. 유사하더라도 과거와 차이가 있다. 매뉴얼도 사회 변화에 따라 바뀌어야 한다. 매뉴얼이 정교해질수록 관료주의 문화가 강해진다. 창조적 파괴라는 개념을 만들어낸 저명한 경제학자 조지프 슘페터(Joseph Schumpeter)는 자본주의는 관료주의 때문에 멸망할 것이라고 예측했다. 창조적 파괴를 이루는 혁신이 관료주의화할 때 자본주의는 종말을 고할 것이라는 섬뜩한 예언이다. 수동적으로 혁신을 하면 안 하느니만 못 하다는 뜻일 것이다. 이 정도로 관료주의는 자본주의에 독약이다. 그래서 기업문화와 조직의 유연성이 높아야 한다. 의사결정이 잘못되어도 외부 상황이 바뀌면 즉시 변해야 한다. 마치 바이러스처럼….

결과 vs 과정

한국 주택 건설시장에 새로운 강자가 출현했다. 바로 호반건설이다. 호반건설은 지방 연고기업이라는 한계를 넘어 주택시장에서만큼은 대형 건설사와 어깨를 나란히 하고 있다. 후발 주자라 브랜드 인지도가 낮은데도 거의 100% 청약률을 보인다. 수익은 더 차별화된다. 대형 건설사가 대규모 적자에 시달리는 상황에서도 호반건설은 2015년에 매출 1조 원을 넘겼다. 여유 자금으로 아시아나항공 인수전에 나서기도 했다. 호반건설의 성공에는 오너인 김상열 회장의 역할이 가장 크다. 김 회장은 주택건설 전문가다. 아파트를 품질로 승부한다. 건설업계 밑바닥에서 출발했지만 술을 전혀 못 한다고 한다. 여기까지는 다른 성공한 기업에서도 종종 발견된다.

그보다 중요한 것은 김 회장이 아파트 분양에 나설 때 의사결정 과정이다. 특정 지역의 발전 가능성이 보이면 가장 빠른 시간 안에 관련자 회의를 거쳐 매입한다. 일단 오너 회장이 참여하니 의사결정 속도가 타의 추종을 불허할 정도로 빠를 것이다. 그런데 미착공 상태에서 주택 경기 하락이 예상되면, 다시 관련자 회의를 열어 매입했던 토지를 손해가 나더라도 팔아버린다. 장기적인 침체가 예상되면 아예 분양 자체를 줄인다. 회장이 의사결정 과정에 참여하고 결과에 책임을 지기 때문에 가능한 일이다. 너무 당연한 과정이다. 그러나 이 당연한 것이 많은 기업에서는 이루어지기 어렵다. 주택 경기 하강이 예상될 때 일부 건설사들은 부지를 팔 수 없다. 부지 매입 당시 관련자의 판단이 틀렸다고 보고할 수 없는 기업문화를 가지고 있기 때문이다. 오히려 거짓으로 자료를 보강한 후 미분양이 뻔히 예상되는데도 착공에 나선다. 앞서 언급했던 두산한 은행과 똑같다. 업무 처리 과정에 경영진이 전혀 참여하지 않은 것이다. 결과만 생각하고 조직이 운영되면, 그 조직은 발전은 고사하고 생존하기도 어렵다.

권한이양과 이에 따른 결과는 모두 리더의 몫이다. 어린 자녀의 행동을 부모가 책임지듯 어떤 조직이든 결과에 대한 책임은 리더가 져야 한다. 人災는 결과만 생각하고 결과로 판단한다. 호반건설 사례에서 보듯이 **리더는 과정 속에서 자신의 역할과 권한을 적절히 사용한다.** 즉 **과정 속에서 리더십이 발휘되는 것이다.** 리더는 조직 내 수많은 관계망을 조율하면서 차근차근 목표를 달성해나가는 과정의 관리자다. 평상시 리더는 많은 시간을 과정 관리에 사용한다.

명령 vs 이심전심(以心傳心)

나는 임원으로 일할 때, 운 좋게 전 직원과 메신저로 소통할 수 있는 자리에 있었다. 경제 전망 등 본업과 관련된 내용뿐 아니라 다양한 관심사를 메신저로 전 직원과 소통하곤 했다. 가끔 책이나 신문 기사에 난 건강상식을 한 페이지로 비주얼하게 만들어 보냈다. 직원들은 이것을 코팅해서 고객에게 선물하거나 자기 집에 비치했다. 메시지를 보내면 고맙다는 답장이 쇄도했다. 이럴 때마다 간단하게 답장을 해주었다. 직원들과 일대다(多) 소통이 늘어나자 동시에 일대일 소통도 증가했다. 임원과 직원이라는 위계가 있지만, 서로 마음이 통하는 관계가 자연스럽게 형성된 것이다. 그 뒤 내가 CEO가 된

날에는 문자 폭탄이 쏟아졌다. 거의 1천여 명이나 되는 직원이 축하 문자를 보냈다. 나는 답변하느라 아무것도 할 수 없었다. 이런 소통이 쌓여 내가 추진한 정책들은 직원들의 지지를 받고 성과를 낼 수 있었다. 직원들로서는 다소 껄끄러운 정책들도 불평 없이 받아들였다. **아주 작은 소통이 쌓여야 큰 소통과 기업문화를 만들 수 있다.**

많은 기업에서 연간 혹은 분기별 전체회의를 한다. 대개 부서장급 이상이 참석한다. '경영전략회의' 또는 '00년 영업촉진회의'처럼 거창한 타이틀이 붙는다. 밤을 세워가며 회의만 하는 방식, 회의를 짧게 한 후 야간 산행으로 실천 의지를 다지는 방식, 관련 본부끼리 토론한 후 전체가 모인 자리에서 발표하는 방식 등 방법도 다양하다. 이런 대규모 회의 분위기는 해당 기업의 기업문화 수준을 보여준다. 참석자들은 사전에 회의 내용을 대략 숙지하고 참석한다. 또 열심히 해보자는 생각을 하며 회의장에 들어선다. 따라서 회의 내용을 지나치게 강조해서 기강을 세울 필요가 없다. 자주 보지 못하던 동료들을 한번에 오랜 시간 만나는 자리이기도 하다. 반가움과 아쉬움이 교차하는 자리다. 이런 감성적인 면을 적절히 자극해서 활용한다면 사내 소통을 크게 활성화하는 계기로 만들 수 있다.

경영전략회의는 축제!

이런 회의에서 의욕을 앞세운 CEO는 경직된 분위기를 만드는 경우가 의외로 많다. 통상 마지막 순서인 CEO의 훈시가 중요하다. 너무 세세한 부분까지 지적할 필요는 없다. 반대로 실적 부진 부분을 직접 호명하면서 잘잘못을 질타할 경우 이 회의는 하나마나다. 회의가 끝난 뒤 참석자들이 살벌했던 회의 분위기를 참석하지 않은 부하직원들에게 약간 과장되게 얘기하면(대부분 그러하다), 그 회사의 소통과 기업문화는 되돌릴 수 없는 지경에 빠진다. 차라리 회의를 하지 않는 편이 낫다.

나는 경영전략회의(반기에 1회 개최)를 축제로 만들었다. 회의 장소는 한반도 중심에 위치한 깊은 산골의 관광지를 택했다. 회의가 그동안 수도권에서만 진행되었기 때문에 지역의 직원을 배려하기 위해서였다. 출입구에는 레드 카펫을 깔았다. 회의장 밖에는 서로 모여 사진을 찍을 수 있도록 포토존도 만들었다. 복도에 배치된 간식에도 신경 썼다. 시간에 맞춰 김이 모락모락 나는 떡과 당시 유행하던 과자, 땅콩 등을 준비했다. 여러 발표를 한데 묶어 CEO가 직접 발표했다. 실적이 부진한 부서에 대한 언급은 전혀 하지 않고 비전과 정책 방향을 강조했다. 이후 바로 회식을 시작하며 회식 시간을 크게 늘렸다. 자리도 다른 부서끼리 함께 앉도록 배치했고 음식도 최고 수준으로 준비했다. 소주잔을 특별 주문해서 아주 작은 잔으로 건배만 수십 번 했다. 건배사는 당일 수상한 부서장과 큰 성과를 낸 직원이 맡았다. 아마 실적이 부진한 부서장들은 다음 회의에서 건배사를 하고 싶다는 욕망이 타올랐을 것이다. 바로 이 점을 노린 것이다. 30분 정도 시간이 흐르자 자발적으로 각 테이블을 순회하는 직원이 나왔다. 300명이 참여했는데 이런 분위기가 무려 4시간이 지나도록 이어졌다. 모든 준비는 본사 관리부서에서 전담했다. 회의 참석자를 최

개인적 관계에 따른 소통은 말 그대로 개인 차원에만 머물게 된다. 경영환경이 빠르게 변하는 상황에서 개인적 소통은 소통이 아니다. 일대다(多)로 빠르게 소통해도 따라가기 어려운 상황이다. 조직이 고령화되고 젊은 층의 조직 마인드가 약하기 때문에 소통의 절대량이 과거보다 늘어나야 한다.

고 귀빈 대우로 모신 것이다. 그리고 다음 날 아침 전원이 함께 등산한 뒤 헤어졌다.

기업문화의 출발은 소통

이런 식의 행사에 대해 '행사를 위한 행사'가 아니냐고 하거나 과도한 비용에 우려를 표하기도 한다. 그러나 여기에 드는 비용은 사내 리더들의 소통을 위한 것이다. 그때 회의 분위기가 다음 날부터 기업문화를 바꿀 수 있다. 우선 각 단위 조직장들이 부하직원을 대하는 태도부터 변화시킨다. 사장이 나를 귀하게 대접하는데, 나도 직원들을 소중하게 대해야 한다는 의무감이 자발적으로 생긴다. 소통의 필요성도 스스로 체험했을 것이다. 이런 의식이 확산되면 CEO부터 말단직원까지 소통이 활발해진다. 이심전심으로 회사 정책을 이해하고 긍정적인 기업문화를 만들어낸다. 비용이야 소통 부재에 비하면 껌값이다. 많은 글로벌 기업도 회의를 '축제'로 만든다. 실적이 부진한 부서와 직원들은 회의를 앞두고 이미 충분히 스트레스를 받았기 때문이다.

2016년 완성된 독일의 지멘스 신사옥은 소통을 기반으로 설계되었다. 지멘스는 오랜 연구 끝에 팀원 간 소통이 원활하고 업무가 빠르게 진행되는 최적의 팀 단위를 4명으로 파악했다. 업무용 책상은 2명씩 마주 보면서 네 사람이 머리를 맞대고 일할 수 있도록 배치했다. 사옥의 모든 근무 공간에서 이 원칙이 일관되게 지켜지고 있다. 소회의실이나 휴식용 티테이블도 4명이 함께하도록 마련했다.

일도, 회의도, 휴식도 4명씩 함께하도록 근무 공간을 구성했다.

여의도는 증권회사가 많기 때문에 정보가 홍수를 이룬다. 그런데 정작 중요한 정보는 흡연실에 가서야 들을 수 있다고 한다. 한국은 인적 연고주의 문화가 강하다. 공적인 회의보다 개인적인 관계에 의존하는 소통 비중이 높다. 이런 상황에서 회사 정책을 모든 조직원에게 각인시키기는 쉽지 않다. 또 다른 경우로, 경영자가 불명확한 지시를 내리거나 관련자가 아닌 사람에게 업무 지시를 하는 경우가 많다. 이럴 때 지시를 받은 사람이나 관련 임원들은 경영자의 의도를 알기 위해 경영자와 개인적 관계가 밀접한 사람에게 문의하기도 한다. 이런 사람을 속어로 '통번역사'라고 한다. 통상 투기로 성공했거나 경륜이 짧은 2~3세 경영진에게서 발견되는 한국 기업만의 슬픈 현실이다. 이렇게 개인적 관계에 따른 소통은 말 그대로 개인 차원에만 머물게 된다. 경영환경이 빠르게 변하는 상황에서 개인적 소통은 소통이 아니다. 일대다(多)로 빠르게 소통해도 따라가기 어려운 상황이다. 또 조직이 고령화되고 젊은 층의 조직 마인드가 약하기 때문에 소통의 절대량이 과거보다 늘어나야 한다.

리더는 생활 자체가 소통이 되어야 한다. 소통은 또한 관심이다. 아무리 바빠도 직원들에게 관심을 보여야 한다. 엘리베이터에서 만난 직원에게 "옷이 멋있는데, 요즘 유행인가요?", "몸 자세가 좋아졌네요! 운동 열심히 하나 봐요"라고 관심 있게 물어보면 그 직원은 리더의 영원한 팔로어가 된다. 다른 부서 직원에게도 신경 써서 소통한다면? 따뜻한 눈길과 관심을 보냈던 다른 부서 직원은 장래에 엄청난 응원군이 된다. 자녀들의 근황이나 부모님 건강 같은 개인 신상에 대한 관심은 특히 효과가 크다. 리더는 '지역구 국회의원'처럼 주변의 모든 사람에게 관심을 보이면서 뭔가 주려고 노력해야 한다.

페이스북 같은 SNS에 자신의 생활과 삶의 철학을 편하게 밝히는 것도 괜찮은 방법이다. 이른바 입소문을 이용한 '쓰리 쿠션' 소통이다. 결제, 회의 같은 공식적 만남뿐 아니라 일상 속에서 작은 소통이 쌓이는 것이 훨씬 효과가 크다. 오랜만에 한 턱 낸다고 해서 사람들이 감동하지는 않는다. 차곡차곡 작은 소통과 감동이 쌓이면 비로소 이심전심, 말하지 않아도 조직이 움직이게 된다. **소통 능력이 없는 리더는 잊힌다. 가장 불행한 직원은 뇌리에서 지워진 직원이다.** 소통을 인체로 얘기하면 혈관 건강을 지키는 것이다.

리더는 조직과 운명공동체

부정청탁, 비자금, 뇌물, 연고기업 밀어주기 등 끊이지 않고 발생하는 사회문제의 원인은 관련 조직의 리더에게서 찾을 수 있다. 문제가 된 리더는 조직의 수장으로서 조직과 운명을 같이한 것이 아니라 개인적 이해로만 일한 것이다. 조직의 먼 장래를 생각한다면 외부의 유혹을 과감하게 뿌리쳤을 것이다. 그는 자신이 리더임을 전혀 알지 못하고 행동했다. 아무리 작은 조직의 리더라도 리더와 조직원은 전혀 다르다. 그 다름에 대한 고민 없이 리더 자리에 오르면 조직과 당사자 모두 불행해진다.

어렵지만 리더의 모든 생각과 행동은 조직과 연결되어야 한다. 리더는 자신의 목표와 조직의 목표가 동일하다. 목표가 동일한 공동 운명체이기 때문에 리더는 조직의 성공과 실패를 자기 운명으로 받아들인다. 때로는 해당 조직이 추구하는 바와 리더가 지향하는 것이 다를 수도 있다. 이는 해당 조직이나 리더 모두에게 불행한 일이다. 리더는 자신이 속한 조직의 일을 좋아하기 때문에 리더가 된 것이다.

경영학자 vs 심리학자

4차 산업혁명으로 사람들은 점점 더 자기만의 세계에 빠져 살아가고 있다. 인터넷 속에서 생활하는 시간이 길어지면서 개인주의가 강해지고 있다. 혼자 있는 시간이 많을수록 자신만의 가치에 집착하는 경향이 강해진다. 상대적 관점에서 자신을 살피지 못하기 때문이다. 공동체를 통해 삶의 보람을 찾기보다는 자신이 구축한 왕국에서 주인이 되는 것을 더 행복하게 생각한다.

한국인의 삶과 인생에서 외부와 폐쇄성이 증가하고 있다. 한국의 모든 세대는 심한 정체성 위기를 겪고 있다. 리더그룹은 빈곤에서 풍요까지 모두 경험했다. 아직까지 사회적 영향력은 막강하나 그들의 성공 스토리는 점차 쓸모가 없어지고 있다. 상실감과 분노가 교차하는 것이다. 리더그룹의 자녀 세대는 경제적으로 어려움이 적은 상태에서 성장했지만, 트리플 카오스로 일자리가 없다. 열심히 공부했지만 별 쓸모가 없다. 성장한 뒤에도 부모의 울타리 안에 있다. 리더그룹이나 그의 자녀 세대 모두 **자신의 인생에서 판이 2~3번 바뀌니 적응하기 어려운 것이다.** 부적응에 대한 가장 손쉬운 대응 방법은 회피이다. 현실에서 도망가는 것이다. 한국인은 자신만의 섬을 만들고 스스로 유배시키려 한다.

실제로 한국의 4가구 중 1가구는 '1인 가구'다. 1인 가구가 크게 늘면서 이들이 소비와 트렌드를 주도하는 현상을 일컫는 '1코노미'('1인'과 '이코노미'의 합성어)라는 신조어가 생겼다. KB금융지주 경영연구소가 2015년 40대 이하 1인 가구의 생활 모습을 분석한 결과(6개 광역시, 1,500명)에 따르면 혼자 사는 이유가 '직장이나 학교'(35.7%) 때문이라고 했다. 하지만 복수응답(2개)을 고려하면 '혼자 사는 것이 편해서'라고 답한 사람이 가장 많았다. 1인 가구 10명 중 7명은 20대 때 혼자 살기 시작했다. 경제적 문제를 떠나 혼자 사는 것을 좋아하는 사람이 늘어나고 있다. 리더 위치에서 보면 조직 내 직원들의 사회성이 부족해지는 증거로 볼 수 있다. 또 개인주의적 성향이 계속 강해지리라는 전망이 우세해진다.

KEB하나은행의 직원행복센터에서는 심리상담사를 대동하고 전국의 지점을 돌며 직원들의 심리상담을 해주고 있다. 다른 금융권들도 직원들의 정신건강을 챙기려고 다양한 시도를 하고 있다. 한국인의 심리적 특성을 경영에 접목하는 사례다. 선장은 선원들의 마음을 먼저 읽어야 한다. 그래야 배가 같은 방향으로 전진할 수 있다. 리더는 조직을 경영하기에 앞서 직원들의 마음과 생활환경 등 개인적 특성을 먼저 파악해야 한다. 리더십이 좀 더 정교해져야 한다는 뜻이다. 직원들의 평균적 생활방식과 심리 상태에 따라 기업문화의 성격이 정해진다. 현재 한국인의 마음은 매우 불안정하다. 조직에 속해 있어도 마음이 편하지 않다. 심리학자 세 사람이 분석한 한국인의 마음을 들여다보자! 아마 리더가 만나는 직원들의 마음속은 다음과 비슷할 것이다.

심리학자 허태균은 『어쩌다 한국인』이라는 책에서 한국인의 성격적 특성을 여섯 가지로 분석했다.

① 주체성 : 한국인은 타인이 정해준 대로 조용히 따라 하는 것보다 자신이 스스로 판단하며 자율적으로 행동하는 것을 좋아한다.

② 가족 확장성 : 조직에서 만나는 사람을 가족으로 여기면서 공적인 관계보다 중요하게 생각한다.

③ 관계주의 : 조직보다 관계성이 중요하다. 공적 관계보다 사적 관계를 우선한다.

④ 심정 중심주의 : 팩트가 중요한 것이 아니라 "왜 그 일을 했나?"라고 물었을 때 "잘해보려고 한 짓이다"라고 하면 용서가 된다. 마음을 중요하게 생각한다.

⑤ 복합 유연성 : 모든 걸 두루두루 잘해야 한다. 포기와 선택을 싫어한다. 소신에 따라 일관성 있게 행동하는 것보다 상황에 맞춰서 융통성 있게 행동하는 것을 선호한다. 이중적 잣대로 모두 다 가지려 한다.

⑥ 불확실성 회피 : 눈에 보이고 손에 잡히거나 수치화할 수 있

는 것들에 집착하는 경향이 있다.

이상의 여섯 가지 특성은 역사적으로 오랜 기간 형성되어온 한국인의 심성이라고 허태균은 주장한다.

또 다른 심리학자 김태형은 현재 한국인의 불안정한 심리적 특성을 IMF 외환위기가 남긴 트라우마로 해석한다. 그는 『불안증폭사회』에서 한국인의 트라우마로 아홉 가지를 제시했다. 이기심, 고독, 무력감, 의존심, 억압, 자기혐오, 쾌락, 도피, 분노 등이다. 김태형은 IMF 외환위기를 전환점으로 잡았지만, 나는 최근의 트리플 카오스가 가장 큰 영향을 줬다고 본다.

김태형의 아홉 가지 트라우마를 재해석해보자. 현재 한국인의 심리를 가장 잘 표현한 것 같다. 변화에 적응이 안 된 사람들은 우선 자신만의 안락함, 즉 이기심이 커진다. 사회 변화에 적응하지 못하니 고독하다. 아무것도 할 수 없으니 무력감이 몰려오고, 때로는 자기혐오감에 빠지면서 분노하기도 한다. 먼 미래를 준비할 여력이 없으니 눈앞의 쾌락을 우선한다. 극단적으로 도피도 불사한다. 혹시 누군가 도와주기를 바라니 의존심도 커진다. 때때로 자기 이익을 위해 타자를 억압해서 빼앗아야 한다.

과거, 현재, 미래가 충돌하는 한국인의 심리

빠르게 다가오는 4차 산업혁명도 한국인의 심리를 흔들고 있다. 분석심리학자 이나미는 『다음 인간』에서 변화할 인간의 모습을 일

184

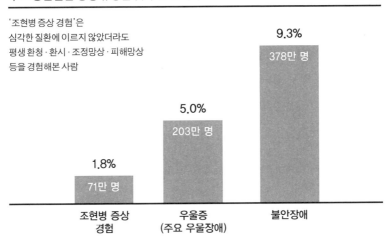

주요 정신질환 평생 유병률 및 추산 환자 수　　　　자료 : 보건복지부

'조현병 증상 경험'은
심각한 질환에 이르지 않았더라도
평생 환청·환시·조정망상·피해망상
등을 경험해본 사람

9.3%
378만 명

5.0%
203만 명

1.8%
71만 명

조현병 증상
경험

우울증
(주요 우울장애)

불안장애

곱 가지로 정리했다. ① 무감동과 타성에 젖은 사람들, ② 무욕 인간과 사이코패스의 증가, ③ 정착을 거부하는 보헤미안형 인간, ④ 전통적 남성성의 약화와 양성화된 인간, ⑤ 오감 만족이 삶의 목적인 사람들, ⑥ 폐쇄적 소비자, ⑦ 진화된 녹색 소비자 등이다. 아마 독자들 중 한두 가지는 공감하는 특성이 있을 것이다. 향후에는 가짜 가족인 기계와 본인 단둘만의 세상이 될 수도 있다. 한국인의 마음속에 일곱 가지 변화가 천천히 채워질 듯하다.

　　한국인의 내면에서는 과거부터 이어진 기본적 속성에서 현재와 미래의 변화가 충돌하고 있다. 허태균이 본 한국인의 전통적 특성, 김태형이 주장하는 트라우마에 빠져 있는 현재 심리, 그리고 이나미가 본 미래의 인간상이 3중 충돌하고 있다. 건강보험공단에 따르면

2015년에 미성년자 16만 6,800명이 우울증 같은 정신과 치료를 받았다고 한다. 서울에서는 청소년 우울증 환자의 38%가 학원이 밀집한 5개 구(區)에서 진료를 받았다. 과도한 사교육 스트레스 때문일 개연성이 높아 보인다. 2014년 도박 실태조사에 따르면, 우리나라 20세 이상 성인의 도박중독률이 5.4%나 된다. 게다가 도박중독 치료를 받은 사람 중 20~30대가 무려 70%에 달했다. 이런 통계를 감안하면 기존 직원이나 향후 입사할 직원들의 심리 상태는 매우 불안정할 것이다.

많은 사람이 아노미(anomie) 상태에 빠져가면서 평범한 사람이 빠르게 줄어들고 있다고 보는 것이 옳을 듯하다. 경영자가 이런 심리까지 이해했을 때 현실적 대응이 가능하다. 인재는 아노미 상태에 빠진 한국인의 심리까지 감안해서 대응해야 한다. **인재는 조직의 심리 상태를 정상화하는 주체가 되어야 한다.** 외로운 마음을 위로하고 새로운 변화를 알려줘야 한다. 합리적으로 의사결정할 수 있도록 코칭해야 한다. 사람은 알파고가 아니기 때문에 시간이 많이 걸릴 것이다. 그러나 리더는 해내야 한다. 직원의 마음을 잡으려면 먼저 심리학자가 되어야 한다. 마음을 치료한 뒤에야 경영학의 다양한 방법을 적용하는 것이 순서가 맞을 듯하다. 페이스북의 마크 저커버그는 대학교에서 심리학을 전공했다. 그는 심리학 지식을 이용해서 페이스북 가입자의 심리를 파고드는 게 아닐까?

10여 년 전 국내 금융회사에 외자계 출신 CEO가 부임했다. 해외생활을 오래 했고, 외국인과 함께 근무한 경력을 높이 산 것이다. 그런데 이분은 와인 애호가였다. 전체 부서장 회의가 끝나고 첫 회식 때 주종이 와인이었다. 당시만 하더라도 와인 마시기는 다소 생소한 음주문화였다. 동기들과 오랜만에 만나서 한잔하려던 직원들로서는 난감했다. 멀리 지방에서 네 시간이나 달려와서 와인 두세 잔이라니…. 회의가 끝난 뒤, 거의 모든 참석자가 주변 소줏집으로 이동했다고 한다. 또 등산 마니아인 국내 모기업 CEO는 전 직원과 함께 무박 2일의 무리한 산행을 즐겼다. 그러다 심장이 안 좋은 직원이 위험한 상황에 빠지기도 했다.

리더가 다양한 분야에 관심이 많은 것은 조직관리에 도움이 된다. 직원들과 공유할 수 있는 통로가 되기 때문이다. 그러나 앞의 두 사례처럼 개인 취향이 너무 강하면 부작용이 생긴다. 그가 추진하는 정책이나 기업문화를 말살할 수도 있다. 해당 리더의 이미지가 업무가 아닌 독특한 취향의 소유자로만 보일 수도 있다. 이런 리더들은 대부분 人災형에 해당한다.

리더는 자신의 개인적 목표를 조직의 목표와 일체화한다. 따로 퇴로를 마련하지 않는다. 자신이 몸담은 회사가 국내 1위가 되면, 자신도 곧 국내 1위가 된다고 생각한다. 대개 직장인의 사회적 신분은 회사 지위에 맞춰 평가받는다. 잘나가는 회사 직원과 쪼그라드는 회사 직원이 만나면 암암리에 서열이 생긴다. 회사와 임직원은 함께 성장한다. 따라서 리더는 자신과 조직의 성패를 완벽하게 일치시킨다. 이런 리더를 보면서 팔로어들도 배운다. **조직과 리더가 운명공동체가 되면 직원들도 운명공동체 의식을 갖게 된다.**

반면 人災형인 낙하산 경영진은 회사의 목표와 자기 목표가 다르다. 기업은 성장하는 것이 목표다. 그러나 낙하산 경영진은 자신이 무탈하게 오래 하는 것이 목표다. 가장 중요한 목표에서 회사와 리더 간에 엇박자가 나는데 그 회사가 잘될 확률은 거의 없다. 아주 쉽고 누구나 당연하게 생각하는 리더의 자질이지만, 실제 기업 현장에서 가장 안 되는 부분이기도 하다.

성과 vs 기업문화

육군은 사단 단위로 숫자로 된 사단 표식 외에 백골부대, 백두산부대, 맹호부대 등 부대의 별명을 추가로 사용한다. 부대의 단결과 목표 달성을 위해 일종의 공감대를 형성하기 위한 방편이다. 영리를 추구하는 기업도 기업마다 나름대로 중요하게 여기는 가치가 있다. 명확히 설명하기 어렵지만 직원들 모두 잘 알고 있는 '무언가 하나로 묶는 생각이나 행위 양식'이 있다. 이를 조직문화 또는 기업문화라고 한다. 모든 조직은 공유하는 판단이나 가치가 있을 경우 목표를 쉽고 빠르게 달성할 수 있다. 조직의 결속력도 높인다. 세계 최고 금융회사인 골드만삭스에서는 유독 자살자가 많다고 한다. 자살하는 이유는 2등을 했기 때문이다. 세계 최고를 지향하는 골드만삭스에서 1등은 당연한 일이다. 반면 2등은 치욕이다. '세계 1등'이라는 기업

서로 다른 생각을 한 방향으로 묶는 기업문화

문화가 있는 것이다. 골드만삭스의 사례는 너무 심하지만, 1등을 추구하는 골든만삭스 직원들은 스스로 세계 최고라는 자부심으로 경쟁사보다 더 열심히 일한다.

기업의 존재가치는 매출을 늘려서 이익을 많이 내는 것이다. 따라서 CEO나 리더들은 항상 성과를 강조한다. 당연하다. 예를 들어 본부장이 예하 부서장과 대화에서 "K부장은 목표의 70%밖에 달성하지 못했어. 조직을 어떻게 이끈 건가?"라고 질타할 수 있다. 그러면 대화는 막히고 분위기는 썰렁해진다. 그 대신 "우리 회사 선배들은 끈끈한 의리로 지금의 회사를 만들어왔지. 경쟁사에 밀리면 밤을 새워서라도 해결했다. 멋진 우리의 전통을 잊지 말게!" 또는 "우리는 자존심을 먹고 산다"와 같이 감성적인 충고가 효과가 좋다. 실적 부진을 기업문화 훼손으로 지적한 것이다. 성과평가와 기업문화를 적절히 섞어서 내린 지시는 훨씬 '약발'이 잘 받는다. 내가 근무했던 회사는 10여 년 전부터 신입사원들에게 행군을 시킨다. 4~5일간 150킬로미터 이상을 행군한다. 군에 다녀온 직원조차 힘들어한다. 이 글을 읽는 여러분도 구세대 훈련 방식이라 비난할지도 모른다. 하지만 끝까지 포기하지 않고, 힘든 길을 묵묵히 걸어가면서 회사의 기업문화를 몸으로 익힌다. 행군을 이수한 신입사원은 이직률이 현격히 낮다. 동료의식이 강해지면서 바로 조직에 몰입한다. 이미 회사의 기업문화를 체득한 것이다. 행군이 아니더라도 새 조직원에게 일종의 성인식 같은 통과의례가 있는 조직은 이탈률이 낮다. "내가 어떻게 들어왔는데" 하는 본전심리도 발동될 것이다. 모두가 겪어냈다는 동질감도 물론 있다.

기업의 모든 시스템과 정교한 제도가 가동되려면 조직 구성원의 자발적 참여가 필요하다. 자발적 참여를 이끌어내는 것이 애사심이고 동료의식이다. 애사심과 동료의식의 본질이 바로 기업문화다. 나는 연초나 중요한 행사가 있을 때, 전 직원을 대상으로 편지를 쓸 때 항상 '사랑하는 동지(同志) 여러분!'으로 시작했다. '같은 뜻과 마음', 바로 기업문화를 강조한 것이다. **CEO의 가장 중요한 책무는 기업문화를 만들고 유지하는 것이다.**

계약직을 정규직으로

기업문화가 지나치게 강조될 때 간혹 획일적이거나 폐쇄적인 조직이 될 수 있다. 외부에서 인재가 영입되면 텃세를 부리기도 한다. 향후 고용의 유연성이 크게 증가할 경우 기업문화는 더욱 중요해진다. 계약직으로 채용하는 비중도 크게 늘어날 것이다. 점점 다양하고 복잡해지는 경영환경에서 사내 전문가만으로는 대응하기가 어렵다. 물론 외부에서 전문인력을 경력직으로 채용하는 것보다 공채 출신을 교육하는 것이 비용을 절감하고 조직에 대한 충성도를 높인다. 그러나 당장 전문가가 필요할 경우에는 경력직원을 계약직으로 채용할 수밖에 없다. 계약직 직원은 전문성이 있는데도 스스로 시야를 좁히는 경우가 적지 않다. 자신의 생존과 눈앞의 금전적 이해에만 집착한다. 불안한 심리 상태일 수밖에 없는 계약직 직원들을 한데 묶어 성과를 내는 가장 중요한 수단은 기업문화다.

아이러니하게도 사회의 하층 직업 외에 가장 창의성이 높은 직업에 계약직 비율이 높다. 예를 들어 컨설턴트, 애널리스트, 연구원, 카피라이터, 디자이너나 연예인 등은 계약직 비율이 높고, 그들이 하는 일은 매우 창의적이다. 계약직 직원을 대하는 가장 중요한 원칙은 성과 보상을 제외하고는 모든 것이 정규직과 같아야 한다는 점이다. 각종 교육이나 회의에도 참여시켜야 한다. 명절 등에 지급되는 회사의 기념품도 똑같아야 한다. 이런 과정을 거쳐 자연스럽게 기업문화를 배우도록 유도해야 한다. 경력직원(계약직)을 채용한 후에는 빠른 시간 안에 기업문화를 익히는 별도 시간을 마련해야 한다. 기업문화를 체득하고 효과를 스스로 깨우치면서 정규직 직원 수준의 로열티를 갖게 해야 한다. 계약직 직원들은 정규직에 비해 빈번하게 회사를 옮기곤 한다. 계약직의 이직이 잦은 이유는 돈 문제 때문이 아니라 텃세를 부리는 기존 직원과 마찰이 있거나 기업문화에 적응하지 못하는 경우가 대부분이다.

높은 연봉으로 스카우트해온 계약직 직원을 1~2년 만에 내보내면 기업의 정보가 유출될 우려가 있다. 해당 업무의 전문가가 없어지기 때문에 또다시 계약직으로 채워야 한다. 그가 맡았던 업무는 영원히 불안정해진다. 기업문화가 폐쇄적인 조직에는 사람이 모이지 않는다. 사람을 붙잡는 것은 돈이 아니라 기업문화다. 훌륭한 기업문화가 있고 이를 전 조직원이 습득한 회사의 리더는 바쁠 이유가 없다.

용병 vs 상비군

내가 CEO가 된 이후 연수 분야에서 가장 먼저 시행한 정책은 직원들의 교육을 강화한 것이다. 증권회사는 다양한 상품을 취급하고 규제도 많다. 고객도 수십만 명이나 되기 때문에 일부 분야에서는 직원보다 뛰어난 고객들도 있다. 신입사원 연봉이 5천만 원에 육박하지만, 입사 후 2~3년은 공부를 하거나 자격증 시험을 준비하느라 거의 영업을 할 수 없었다. 그렇다면 신입사원을 빨리 영업맨으로 키워야 했다. 신입사원 교육에서는 기본기부터 영업 스킬까지 필요한 모든 것을 다뤘다. 신입사원들은 무려 8개월에 걸쳐 연수원에서 합숙 연수를 받았다. 1인당 교육비는 8개월간 3,500만 원이나 들었다. 그러나 이들은 연수가 종료된 후 수개월 만에 대리급 성과를 내기 시작했다. 기본기가 충실하니 고급 기술이 쏙쏙 흡수된 것이다.

리더는 공채 출신 교육에 각별히 신경 써야 한다. 공채 출신은 과거로 얘기하면 국가의 상비군이다. 상비군은 어떤 상황에서도 조국을 지키려고 노력한다. 목숨을 걸기도 한다. 상비군의 전투력이 강한 이유는 가족, 친지 등 자신과 관계된 사람의 안전과 재산을 지키기 때문이다. 또한 자기 삶의 모든 가치가 조국을 지키는 데 있기 때문에 전투에 패배한다는 것은 모든 것을 잃는 일과 같다. 공채 출신자(상비군)의 심리에는 주인 의식, 기업문화 등 기업에서 가장 필요한 무형의 자산이 녹아 있다. 또 기수별로 다양한 부서에 근무하기 때문에 사내 소통의 메신저 역할을 한다. 때로는 협업을 촉신하기도 한다. 많은 기업이 변화에 빠르게 대응하려고 외부에서 '용병'을 채용하는 비중을 높이고 있다. 그러나 대개의 경우, 용병은 낮은 조직 마인드 때문에 실패할 확률이 높다.

전 직원을 상비군으로 만드는 것은 CEO와 연수부서에만 해당하는 일이 아니다. 현업의 팀장이나 바로 위세대 선배들이 해야 하는 공통 과업이다. 부하직원의 업무 능력이나 생활 태도는 직장 선배가 가르치는 것이 더 효과적일 수 있다. 특히 업무 능력보다 조직을 대하는 태도는 선배가 가르치는 편이 훨씬 효과적이다. 요즘 가정이나 학교에서 조직문화나 사회생활의 기초 인식 등을 거의 가르치지 않는 한국적 특성 때문이다. 선후배 간 교육 문화가 자리 잡은 조직은 가장 역동적인 조직이 될 수 있다.

십자군전쟁 당시 최강의 요새 콘스탄티노플을 지킨 이들은 용병이었다. 용병은 성곽의 일부가 무너지자 싸워보지도 않고 도주했다. 반면 한니발(Hannibal)은 용병 중심의 부대만으로 알프스를 넘어 로마로 진격했다. 같은 용병이었지만 용·병의 의식구조 차이가 승패를 가른 것이다. **훌륭한 리더는 용병을 상비군으로 탈바꿈시킨다.** 용병과 지휘부가 상호 연대감을 갖도록 세심하게 배려하고 기업문화를 습득하도록 관심을 기울여야 한다. 내가 근무했던 회사는 외부에서 발탁한 임원이나 전문가들을 회사의 다양한 행사에 자주 참여시켰다. 처음에는 낯설어했지만 시간이 지나면서 오히려 이런 행사를 즐기게 되자 이직률이 현격히 낮아졌다. 용병이 상비군이 된 것이다.

사업목표 vs 경영이념

기업문화는 눈에 보이지 않는다. 조직원 개개인의 마음속에 비슷한 생각으로 깊숙이 자리 잡고 있다. 너희 회사 기업문화는 어떠냐는 질문에 서로 다른 대답이 나올 수도 있다. 반면 경영이념은 뚜렷하게 규정되어 있다. 기업의 경영이념이나 사훈(社訓)은 회사가 궁극적으로 추구하는 철학적 지향점을 규정한다. 가정의 가훈과 같다. 애플의 사훈은 누구나 알듯이 "Think Different", 즉 "다르게 생각하라!"다.

수많은 기업과 조직이 이념을 가지고 있다. CEO는 무형의 기업문화뿐 아니라 경영이념에 최고 가치를 두고 경영해야 한다. 목표는 수시로 바꿀 수 있지만, **목표를 이루는 방법과 지향점으로서 경영이념은 의사결정의 가장 중요한 잣대가 된다.**

경영이념 외에 기업에는 사업(경영)목표가 있다. 해마다 달성해

194

야 할 매출액, 이익 등 주로 숫자로 표시된다. 人災가 지휘하는 조직에도 경영이념은 있다. 그러나 기업문화와 마찬가지로 경영이념을 거의 의식하지 않은 채 행동한다. 각 사업본부는 목표 달성률로 평가받기 때문에 눈앞의 사업목표에만 집착한다. 세일즈 부서는 부서별, 개인별로 사업목표를 할당한다. 만일 부서의 목표 달성률이 경쟁 부서에 비해 낮을 경우, 부서장은 개개의 세일즈맨들을 압박할 것이다.

영업의 달인으로 불리던 사람이 있었다. 그는 모든 것을 목표 달성률로 평가했다. 사람을 볼 때 얼굴(이마)에 달성률이 쓰여 있다고 농담처럼 얘기했다. 그에게는 숫자로 된 목표만 있었다. 오직 직원 개개인의 목표 달성만 다그쳤다. 온갖 모욕 주기도 서슴지 않았다. 경영이념도, 전략도, 전술도, 리더십도 없었다. 그는 은퇴한 뒤에는 어떤 동료나 후배와도 연락하지 않고 살고 있다. 다만 지금도 회의에는 수시로 등장한다. 잘못된 사례로….

회사는 실시간으로 해당 사업부의 실적을 체크한다. CEO나 리더들은 환경 변화로 목표 달성률이 낮은 것을 이미 알고 있다. 오히려 환경 변화를 돌파하려는 새로운 시도를 어떤 방식으로 하는지가 관심 사항이다. 리더는 사업목표를 달성하는 방법으로 경영이념을 활용한다. 신입사원부터 임원까지 경영이념을 완벽하게 이해하고 동의할 수 있도록 노력한다. 왜 이 일을 하는지 전 조직원이 동의한 뒤 일을 추진하면 어떤 난관도 돌파할 수 있다. 리더는 전체 구성원에게 경영이념의 마술을 걸어야 한다. 요즘 청년들은 로봇처럼 일하기를 거부한다. 자신이 하는 일이 어떤 경로로 사회에 영향을 주는지에도 관심이 많다. 사회에 긍정적 영향을 주는 일이라면 더 많은 아이디어로 열심히 일한다. 경영이념이 사회와 관계성이 없다면 그 경영이념은 의미가 없다. 경영이념은 리더와 직원이 함께 꾸는 '꿈'이며, 목표를 달성하는 정신적 토대가 되어야 한다. CEO와 리더는 명분으로 일한다.

큰 성취 vs 작은 성취

모든 스포츠가 그렇지만 프로 골프에서는 특히 첫 승이 중요하다. 우승 경험이 없을 경우 다 이긴 경기가 뒤집히는 사례가 빈번히 발생한다. 우승 문턱에서 경험 부족으로 실수를 남발하기 때문이다. 그래서 골프를 멘탈 게임이라고 한다. 여기서 멘탈은 목표를 달성하는 과정에서 흔들림 없이 굳건한 마음을 유지하는 것이다. 우승 경험이 있을 때 과거 경험을 떠올리면서 스스로 흥분을 가라앉힐 수 있다. 모든 조직은 성과 지향적이어야 한다. 성과를 내려고 조직이 존재하는 것이다. 그러나 성과를 내본 조직이 더 큰 성과를 낸다. 빈익빈 부익부 현상은 조직의 목표 달성에서도 나타난다.

처음부터 무리한 성취 목표를 세우기보다는 단계별로 중간 목표를 정해서 차근차근 작은 성취를 쌓아가는 것이 좋다. 성과 달성이 습관이 된 조직의 기업문화는 긍정적이고 성과지향적이다. 산업의 성장 주기가 짧아지고 경쟁이 치열해지면서 산업과 기업의 성장 곡선인 'S곡선'의 주기가 짧아지고 있다. 또한 기업이 여러 가지 제품을 생산할 경우, 다양한 상품의 'S곡선'이 모여 기업 전체의 흥망성

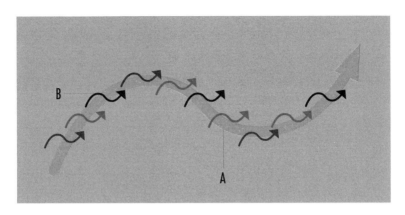

혁신의 S곡선

쇠를 보여주는 더 큰 S곡선(A)을 만든다. 크게 한 방 날려서 대박을 치면 더할 나위 없겠지만 현실은 쉽사리 따라주지 않는다. 그림의 작은 B곡선이 누적적으로 쌓이는 것이 중요하다. 삼성전자, 애플, LG의 스마트폰은 제품명에 출시한 순서대로 숫자를 붙인다. '갤럭시 S8'은 삼성전자가 8번째로 내놓는 스마트폰이다. 삼성전자는 갤럭시 S1에서부터 S6까지 거의 성공을 이어왔다. 그러나 S7이 배터리 불량으로 크게 실패했다. 여기서가 더 중요하다. 또다시 실패하게 되면 갤럭시 시리즈의 재기가 불투명해지면서 갤럭시 S9이나 S10의 성공이 어려워질 수 있다. 성공 습관을 잃어버릴 수 있기 때문이다. 성공한 모든 기업은 작은 성취를 쌓아서 큰 성취를 이뤄냈다. **작은 성취를 쌓아가는 과정이 반복적으로 일어나는 것이 21세기 경영이다.** 단번에 대박을 노린다면 로또를 사는 편이 더 빠를 수 있다는 얘기다.

개인도 마찬가지다. 불가능한 목표에 매달리지 말고 연간/월간/주간으로 목표를 세분해서 하나씩 달성해나가는 편이 낫다. 작은 목표를 달성한 경험이 쌓이면 용기를 얻게 된다. 스스로 긍정의 묘약을 만들고 더 큰 목표를 향해 나아갈 수 있다. 거대한 장기 목표만 내걸고 큰 성취를 기대한다면 과대망상증 人災다. 조직원들의 수준과 환경 변화를 예의주시하면서 단계별로 다양한 목표를 잡아야 한다. 게다가 직원들이 작은 목표를 정해서 성취해나가는 과정을 관리해준다면 누구보다도 성공적인 리더가 될 것이다.

협업(Co-Work)을 만드는 기업문화

구글은 천재 두 사람이 동업으로 세운 기업이다. 선진국일수록 동업으로 창업하는 비중이 높다. 반면 한국은 동업 비중이 낮은 편이다. 대기업뿐 아니라 자영업에서도 동업으로 시작하지만 시간이 지나면서 불화가 생겨 갈라서는 경우가 많다. LG그룹이 거대 기업을 이루고 GS, LS, LIG 등으로 분할된 것이 유일한 모범 사례 같다. 소송까지 가면서 동업을 청산하는 경우가 다반사다. 한국인의 심리적 특성인 '강한 주체성'을 잘 이해해야 한다. 한국인은 모든 의사결정에서 주체가 되고 싶어 한다. '용의 꼬리'보다는 '닭의 머리'를 선호하는 경향이 강하다. 이런 심리적 기반이 동업은 고사하고 조직 내에서 협업을 방해한다.

자동차가 많은 물류기업을 대상으로 하는 자동차 영업을 생각해보자. 통상 자동차회사마다 여러 세일즈맨이 해당 기업을 공략할 것이다. 각 영업소 담당자들은 자기 부서의 영업을 성공시키기 위해 각자 최선을 다할 것이다. 이때 같은 회사에 소속된 영업소 직원들 간에도 서로 경쟁한다. 심할 경우 상호 비방도 서슴지 않는다. 물류회사가 전체 구입 물량을 한 회사에 밀어주면 회사 내에서 나눌 수 있다. 그러나 수량이 적으면 경쟁이 더 치열해진다. 그렇다고 물류회사는 특정 회사 차량만 구입할 수 없다. 다른 자동차회사도 물동량이 많은 중요한 거래처이기 때문이다. 특정 회사 차량만 모두 구입하게 되면 그 회사와 결탁했다는 오해를 받을 수도 있다. 물론 경쟁사들은 이런 상황을 넌지시 입소문을 내기도 한다.

회사 전체로 봐서 최선은 압도적인 영업력으로 모든 비즈니스를 따오는 것이다. 그러나 한국은 특정 거래처의 독식을 허용할 정도로 사회적 자본이 성숙되지 못했다. 그렇다면 최선의 선택은 회사 내에서 적절히 조율해 꾸준히 비즈니스를 따오는 것이다. 이때 회사의 고위 경영자가 개입해서 각 영업소의 영업을 조율해줘야 한다. 혹시 이 과정이 공평하지 않게 되면 이후 각 영업소는 사사건건 내부에서 갈등을 일으키게 된다. 이럴 경우 더 많은 비즈니스가 무산될 개연성이 높다.

리더의 과제 중 특히 어려운 일은 조직 안에서 다양한 이해관계를 조정하는 것이다. 기업뿐 아니라 사회의 모든 조직은 1인 이상이 모여 일한다. 따라서 당연히 갈등은 불가피하다. **리더가 직접 갈등**

을 조정하는 것보다 사내에 상호 협업하는 기업문화를 만드는 것이 우선되어야 한다. 리더가 나서지 않아도 실무자 차원에서 갈등이 조정되고 협업한다면 리더는 할 만한 직업이다.

받는다! vs 모두 준다!

사회의 복잡성이 증대되면서 개인이 혼자 할 수 있는 일이 점차 줄어들고 있다. 물론 기계의 도움을 받을 수 있겠지만, 이런 식의 일은 차원이 낮은 단순 노동에 그치는 경우가 많다. 사람은 감성적 측면이 강하거나 수준 높은 판단력이 필요한 일에 집중하게 될 것이다. 그러나 그런 일일수록 업무 성격이 상당히 모호하다. 따라서 고차원적 과세일수록 일의 성격이 분명하지 않아 관련자 사이에 갈등이 생긴다. 사람이 판단하는 업무 비중이 높아지지만 사람에 따라 경험과 능력에 차이가 크기 때문이다. 서로 자기주장만 할 수 있다.

한국에서 기업의 인수합병은 성공 확률이 매우 낮은 편이다. 특히 동종 업계 간 합병으로 시너지 효과를 내는 경우는 극히 드물다. 2개 기업이 합쳐서 '1+1=3 또는 4'를 원하지만, 처음에는 1+1은 2였다가 시간이 흐르면 1.5로 줄어든다. 금융기관의 합병이 전형적이다. 그런데 금융기관 종사자들은 개성이 강하다. 대부분 나름대로 자신만의 투자 기법을 가지고 있다. 또 회사를 옮기는 일도 용이한 편이다. 인수합병으로 과거와 다른 업무 지침이나 기업문화를 강요받게 되면 거의 변신을 하지 않는다. 자신의 투자기법에 대해 집착이 강하고 이직하기가 쉽기 때문이다.

한국에서 인수합병 후 시너지 효과가 적은 첫 번째 이유는 리더 그룹과 직원 사이에 소통이 부족하기 때문이다. 인수합병의 장점을 직원들이 완전히 납득하고 동의할 때까지 지속적으로 설득해야 한다. 두 번째 이유는 평소 협업에 대한 인식이 부족하기 때문이다. 회사 내에서 업무는 대부분 다양한 직원의 도움을 받아서 실행한다. 크게 중요성을 인식하지 못하지만 협업의 틀 속에서 일해온 것이다. 인수합병이 되면 이러한 협업의 틀이 완전히 붕괴된다. 관련자가 대부분 바뀌기 때문에 새롭게 협업 시스템을 구축하려면 시간이 오래 걸린다. 이 과정에서 직원들이 동요하고 이직한다. **인수합병의 성패는 협업 구조를 얼마나 빨리 구축하느냐에 달려 있다.**

10배 성과를 내는 협업의 방정식

평소 사내에 협업문화가 깔려 있어야 한다. 자칫 사내 전문가끼리 의견 충돌이 생기거나 주도권 경쟁이 일어나면 그 회사는 어떤 비즈니스도 성공할 수 없다. 타개하신 법정스님은 "다 주면 다 얻는다"라는 말씀을 남기셨다. 마음을 비우라는 말씀이다. 나는 법정스님의 말씀을 협업의 방정식으로 설명한다.

혼자 열심히 일하면 100만큼 성과를 낸다고 가정해보자. 이 사람의 최대 성과는 딱 100만큼이다. 더는 불가능하다. 그러나 평소 주변 동료 10명에게 업무 지식이나 인간적 관심 등 자기 지식을 모두 주었다고 가정해보자. 자신의 능력 전부(100)를 아낌없이 10명에게 똑같이 주는 것이다. 이때 시급하고 중요한 일이 벌어져서 10명에게 SOS를 쳤다면? 100의 지식을 받은 10명이 평소 도움에 대한 보납으로 각자 받은 것의 절반인 50만큼만 되돌려준다면 '50×10명=500'이 된다. 본인 능력의 5배에 해당하는 성과를 얻는 것이다. 협업이 활성화되면 50이 아니라 100을 10명에게서 받을 수도 있다. 그럼 10배다. 이런 식으로 다른 조직원과 협업하다 보면 성과는 상상할 수 없을 정도로 커진다. **많은 사람에게 많이 줄수록 자기 능력 이상의 성과를 내는 것이 협업의 방정식이다.** 언제 받을지 모르지만 리더는 모든 것을 다 준다. 그러나 人災는 받기만 한다. 그리고 공짜로 받았다고 행복해한다.

의류업체인 휠라(FILA)는 빙그레의 인기 아이스크림인 '메로나'의 파스텔 멜론 컬러를 도입한 제품을 출시했다. LG화학은 자신들이 개발한 당뇨병 치료제를 당뇨병 치료제 유통의 강자인 대웅제약에 맡기면서 매출이 두 배로 늘어났다. 커피 원두전문업체인 쟈뎅은 크라운제과, 세븐일레븐과의 협업으로 '죠리퐁 카페라떼'를 개발해서 인기를 얻고 있다. 오리온 초코파이 문양을 의류에 새긴 제품도 나오고 있다. 이런 현상은 구조적 불황에서 탈피하기 위한 몸부림으로 시작되었지만, 이종 영역 간에 장점을 합쳐 새로운 상품을 만들어내는 컬래버레이션(collaboration)으로 볼 수 있다. 상이한 기업 간의 협업으로 엄청난 결과가 나오고 있다. 여기에서 중요한 점은 기업 내에 협업문화가 정착된 기업만이 이런 이종 업계 간의 컬래버레이션을 만들어낸다는 사실이다. 나 이외에도 훌륭하고 배워야 할 사람이 있다는 협업적 마인드가 쌓여 있어야만 가능한 결과다. KB 국민은

행과 우리은행이 경쟁사나 유사 금융업계 출신을 사외이사로 영입한 것도 같은 이유다. 따라서 협업은 향후 기업의 생존과 성장의 가장 중요한 방식이자 문화가 될 것으로 보인다.

회식을 통한 협업

요즘 젊은 층은 회식을 싫어한다고 한다. 리더급 고위층은 법인카드만 주고 참석하지 않는 게 예의라는 말도 있다. 왜 그럴까? 그 이유는 리더에게 있다. 회식을 하는 가장 큰 목적은 조직이 단합해서 협업을 이끌어내는 것이다. 그러나 한국의 회식은 회식비를 부담하는 최상급자 위주로 진행된다. 대부분의 회식에서는 시작부터 끝까지 최상급자 혼자 얘기하면서 억지로 술을 먹인다. 부하직원들은 눈만 껌벅이면서 시중을 든다. 회식이 아니라 상급자의 자랑을 듣는 자리다. 그것도 1년에 10번 정도 듣는 얘기다. 심하게 말하면, 치매환자와 술을 먹는 것과 비슷하다.

회식은 협업문화를 만드는 중요한 행사다. 회식을 할 때 마음을 열게 되면 회식 참여자 사이에 이해의 폭이 넓어진다. 평소 부담스럽던 얘기도 자연스럽게 꺼낼 수 있다. 협업의 기초를 다지는 셈이다. 나 역시 회식을 자주 했다. 부하직원들에게 회식이 즐거워지는 비법을 공개한다. 우선 시간이 중요하다. 오후 7시에 시작한다면 약 20분 전에 한 명이 먼저 가서 음식과 주류를 완벽하게 준비해놓는다. 나머지 직원들은 정확히 7시에 첫 잔을 마시도록 시간을 맞춘다. 통상 도착 시간의 차이와 음식 주문 등으로 20~30분이 소요된다. 이 시간을 절약하는 것이다. 두 번째로는 참석자 전원이 돌아가면서 간단히 건배사를 한다. 건배사는 대충 해도 된다. 기발한 건배사를 찾는 것도 스트레스이기 때문이다. 도중에 상급자가 끼어들면 안 된다. 사장이 신입사원들과 회식을 해도 똑같이 건배 시간을 할애한다. 물론 건배는 모두 하지만 마시는 것은 자유다. 자기 주량에 맞게 마시는 것이다.

참석자 모두가 주도적으로 참여할 수 있는 회식문화는 협업의 활력소가 된다. 요즘 사회에 나오는 젊은 층은 자기표현에 익숙하다. 이런 직원들을 회식이라는 명분으로 2~3시간 가둬놓으면 당연히 불만이 쏟아진다. 또한 많은 직원이 맞벌이를 하면서 남자 직원들 역시 육아 부담을 지기 때문에 예고 없는 회식이나 시간이 길어지는 회식은 기피하게 된다. 나는 회식 대신 운동경기를 보거나 영화를 보는 것은 단 한 번도 하지 않았다. 회식은 협업을 만드는 기초인데 영화 감상은 협업과 상관이 없기 때문이다.

기업에서 협업을 활성화하는 구체적인 방법에는 무엇이 있을까? 나는 다음과 같은 여섯 가지 방법을 활용해 나름 성과를 얻었다. ① 지속적으로 협업의 중요성을 강조한다. 특히 영업조직은 회의나 미팅 때마다 강조한다. ② 이중 계산(Double Counting)을 한다. 동일한 고객에 대한 수익에 두 부서가 관여했다면 부서 모두의 실적으로 인정한다. 회사로서는 수익을 두 배로 계산하는 것이다. ③ 비즈니스 갈등이 발생했을 때 가급적 최상위자를 포함한 의사결정 라인 모두가 참여해서 조정한다. 경영진이 그 내용을 잘 알고 있다는 인식을 쥐야 한다. ④ 기업 고객은 해당 기업의 관련자 조직도를 만들어 사내에서 관련 영업직원과 경영자가 공유한다. ⑤ 특정 기업 고객에 대한 사내 정보를 교류하기 위해 해당 기업 담당자 간 미팅이나 식사를 정례화한다. ⑥ 고위 경영진이나 CEO는 해당 기업의 최고 의사결정권자에게만 영업한다.

돈 vs 성취감

협업을 이루려면 직원들이 왜 이 회사에 다니는지 목적의식이 분명해야 한다. 단지 돈만 벌기 원한다면 협업은 애초부터 불가능하다. 돈, 명예 등 개인적 소망이 성취의 중심이 되면 시야가 좁아지기 때문이다. 물론 돈을 무시할 수는 없다. 그러나 조직에서 성공하려면 금전적 보상을 넘어서는 정서적 동기가 필요하다.

직장에 다니는 이유가 자신이 좋아하는 일을 하면서 보람을 찾는 데 있다면 협업은 원활하게 돌아간다. 직장생활을 돈과 직위 이상의 가치로 여겨야 한다. 자신이 세상에 나와 회사에서 뭔가를 이루고자 하는 욕구가 있다면, 그 사람의 목표는 돈과 직위가 아니라 인간적 성취가 된다.

사실상 직장에서 돈과 직위는 상대적이다. 내가 인센티브를 많이 받으면 동료의 인센티브는 줄어든다. 내가 진급하려면 동료는 승진에서 누락되어야 한다. 대부분 조직에는 이렇게 제로섬 사회적 경향이 있다. 이런 상대적 가치를 넘어 인간적 성취를 이루는 것은 절대적 가치다. 내가 업무에서 보람을 느낀다고 해서 동료에게 피해가

가지 않는다. 오히려 동료와 협업해서 자신의 인간적 성취를 더 크게 끌어올릴 수 있다. 이런 사고가 조직 내에 확산될 때 이 기업은 비로소 협업이 가능한 문화를 가지게 된다.

어떤 리더든 협업의 중요성을 잘 알고 있다. 가장 좋은 방법은 평소 협업의 방정식을 이해하고 실천하는 것이다. 협업문화가 정착되면 시너지 효과는 저절로 생긴다. 다른 부서와 수익 배분 문제로 갈등이 생기면 아낌없이 다 줘버려도 괜찮다. 수익이 다소 줄겠지만 상대 부서는 상당히 미안해하면서 이후에는 우군이 될 것이다. 이런 협업형 리더에게는 잔머리를 굴릴 틈이 없다. **협업이라는 관점에서 조직과 직원을 대해야 한다.** 반면 人災는 불만에 가득 찬 표정으로 "돈! 돈!"하면서 '쪼잔하게' 살아간다. 당사자뿐만 아니라 회사의 미래까지도 어두워지게 만든다.

삶의 철학이 협업을 촉진한다

큰 성취를 위해 작은 성취를 쌓아야 하는 것과 마찬가지로, 협업도 경험이 쌓여야만 자연스러운 행위로 자리 잡는다. 협업 체계가 가동되면 긍정적인 기업문화가 저절로 만들어진다. 상사와 대화하는 시간도 늘어난다. 직장을 옮긴 경험이 많은 사람은 통상 협업 경험이 거의 없다. 협업을 하지 못해서 이직했다고도 볼 수 있다.

협업을 잘하려면 평소 관련 부서와 소통이 잘돼야 한다. 한국처럼 수직적인 문화에서는 다른 부서 직원과 소통하기가 쉽지 않다. 따라서 협업하려면 다양한 소통이 우선되어야 한다. 또한 자신이 잘 모르는 분야의 전문가와 협업하려면 질문을 많이 해야 한다. 질문은 상대방을 전문가로 인정하고 존중한다는 느낌을 줄 수 있다. 협업 과정에서 소통은 인간관계를 확장하기도 한다. 관련 부서 담당자나 리더와 대화를 많이 하게 되면 자연스럽게 회사 내에 네트워크가 만들어진다. 협업은 이렇게 소통, 질문, 네트워크까지 만들어준다.

기업의 사회봉사활동도 협업을 촉진한다. 직장을 통해 사회에 봉사하는 기회가 되기 때문이다. 동료들과 사회봉사를 하면서 함께 보람을 느낀다면 애사심과 동료애를 높일 수 있다. 각종 교육과정에서도 직업윤리, 삶의 목표와 같은 인문학적 교육을 꾸준히 해야 한다. 사내 동호회 활동을 적극 지원하는 것도 좋은 방법이다. 서로 다른 부서 직원 간에 이해의 폭을 넓히면서 소통의 장이 되기 때문이다. 또 각종 사내 행사나 교육을 할 때 이해 관련 부서 간 자리 배치를 밀접하게 하는 등 세심하게 신경 써야 한다. **직장생활과 인생은 개인전이 아니라 단체전이다.**

운동선수들에게는 징크스가 있다. 기량이 뛰어난 선수가 은퇴한 후 훌륭한 지도자가 되는 경우가 매우 드물다. 훌륭한 선수일수록 자기 기량에 대한 자부심이 강하다. 지도자가 된 뒤에도 자신이 성공했던 방식에 집착한다. 개인전 경기라 할지라도 선수는 감독, 코치뿐 아니라 많은 사람의 도움을 받는다. 하물며 단체전의 경우 스타 선수를 뒷받침해주는 동료 선수의 도움을 받아야만 골을 넣을 수 있다. 국제축구연맹(FIFA)과 미국 프로농구협회(NBA) 자료를 바탕으로 선수의 능력과 팀 성적을 비교 연구한 결과는 팀워크의 중요성을 일깨워준다. 당연하게도 뛰어난 선수가 많을수록 좋은 성적을 내기는 한다. 그러나 스타 선수 비중이 너무 높아지면 오히려 성적이 나빠지는 것으로 조사되었다. 스타 선수가 프로축구에서는 60~70%, 미국 프로농구에서는 40~50%를 넘기면 오히려 성적이 나빠졌다고 한다. 결국 협업 능력이 조직의 성패를 좌우한다는 것이다.

경쟁과 협력은 모든 조직의 기초 원리다. 특히 한국의 고성장에는 협업문화가 만든 주인 의식이 큰 역할을 했다. 서양식 경쟁만 있었다면 한국은 이런 고성장을 이룰 수 없었을 것이다. 조직 내에서 직원들 사이에 '우리'라는 의식으로 뭉치는 협업문화와 근면으로 이룬 성과다. 이런 문화는 과학적으로 설명할 수 없는 한국적 효율성을 만들어냈다. 트리플 카오스의 도전을 물리치는 핵심 무기는 결국 협업이 아닐까?

★ ★ ★

사회는 점점 개인화되고 있다. 사람의 일을 기계가 빼앗아가면서 리더 역할이 줄어드는 것처럼 보인다. 그러나 불확실성이 증가할수록 오히려 리더가 더 중요하다. 리더는 개인 능력이 탁월해야 하지만 더 중요한 것은 조직과 운명공동체로서 조직을 통해 삶의 목표를 이뤄나가야 한다는 점이다. 리더는 주인 의식을 기반으로 한 조직문화로 경영해야 한다. 협업 능력이 뛰어난 조직은 기계와 전쟁해서 반드시 승리할 것이다.

누구나 인정하는 리더의 덕목이지만 점점 이런 덕목이 사라지고 있다. 미래형 리더는 조직원의 마음을 잡기 위해 조직과 팔로어에 더 몰입해야 한다. 또한 트리플 카오스가 만든 새로운 변화에도 능동적으로 대응해야 한다.

4장

최고 인재의 완성

류

삶의 철학과 품격을 겸비하면
저절로 사람이 모인다.
혜안을 갖춘 고수는
세상을 한눈에 본다.

流
■
류

　서울 광화문에는 '서순금류(流)'라는 복요리 전문점이 있
다. 음식 맛도 뛰어나지만, 식당 이름에 '류(流)'자를 써서 내 관심이
쏠리는 식당이다. 서순금은 식당을 만든 주인의 이름이다. 이 식당
은 좋은 재료로 맛깔난 복맑은탕(복지리)을 만들어낸다. 반찬도 다양
하고 특이해서 다른 복집과 느낌이 다르다. 서순금 여사는 고인이 되
셨다. 지금은 아들이 경영하는데, 어머니의 맛과 요리 방식을 따르
고 있다. 자기 방식대로 최고 음식을 만들고, 이를 사람들이 사랑한
다면 얼마나 멋진가? 인스턴트음식이 대세인 세상에서 깊고 향기로
운 자신감이 느껴진다. 싫으면 안 와도 된다는 배짱도 전해져온다.
복요리로 삶의 철학을 통달한 것 같다.

　모든 전투는 자신이 가장 잘 아는 지역에서 자신의 주무기를 적

절히 사용해서 싸움을 주도해야만 승리할 수 있다. 전투에 참전하는 모든 지휘관은 자신의 전략으로 싸우기를 원하지만 그렇게 하기가 쉽지는 않다. 여기서 중요한 것은 자신만의 방식이다. 잘못하면 아집이 될 수도 있기 때문이다. 자신만의 방식은 현재와 미래를 세밀히 관찰하는 관(觀)을 바닥에 깔고, 개인적 능력인 철(哲)을 갖춘 동시에 조직을 경영하는 리더의 격(格)을 보유한 사람만 구사할 수 있다. 즉 지금까지 이 책에서 논의한 내용을 우선 갖춰야 한다. 추가로 다음에 기술하는 내용을 보완하면 비로소 자신만의 방식으로 싸워 항상 승리할 수 있을 것이다.

관, 철, 격에 추가할 최고 인재의 궁극적 덕목을 류(流)로 명명한다. 류(流)의 원뜻을 풀어보면 자기만의 특성이나 경향이다. 내가 말하는 숨은 뜻은 단지 개성이 아니라 최고의 경지다. 류(流)의 경지에 오르면 사람들이 자발적으로 따른다. 류(流)는 통일된 수준이나 경지가 아니다. 사람마다 각기 다르다. 최고 수준이고 자기완성이지만, 보는 사람에 따라 느낌과 감동이 다르다. 다른 사람에게 쉽게 가르쳐 줄 수도 없다. 기본 여건이 다르고, 추구하는 바도 차이가 있기 때문이다. 즉 류(流)는 스스로 터득하는 것이다.

능력이 뛰어나서 철(哲)을 갖춘 후 추가로 리더의 덕목인 격(格)까지 지녀도 최고 수준인 류(流)에는 부족하다. 일반인과 완벽하게 차이 나는 특성이 있어야 한다. 류(流)의 경지에 오르려면 매사를 큰 그림으로 판단해야 한다. 또 '자기주도적인 삶'을 살아야 한다. 시류에 흔들리지 않는 강한 마음으로 자신만의 길을 개척해야 한다. 자아

실현 수준의 지혜와 성품을 지녀야 한다. 사람들은 대부분 류(流)는 커녕 아류(亞流)도 못 되고 죽는다. 그러나 누구든 류(流)를 살아가는 지향점으로 두어야 한다.

인생은 단 한 번뿐! 주인으로 살아야 하지 않나?

모임은 대부분 단순 참석자와 적극적인 연락책으로 구분된다. 연락책이 적극적일 경우 그 모임은 활성화된다. 통상 총무라는 호칭의 연락책은 이 모임의 주인이다. 매사에 활동적인 성향이 강하다. 주인의식이 강한 성격이다. 반면 단순 참석자는 수동적이다. 이런 모임을 활성화하는 방법이 있다. 내가 참석하는 한 모임은 참여자 20여 명 모두에게 회장단 ○명, 부회장단 ○명, 간사단 ○명, 총무단 ○명 등 직책을 준다. 전 회원을 간부화하는 것이다. 모두가 간부이기 때문에 모임이 활성화된다. 단순 참석자나 소극적 참여자를 책임감 있는 팔로어로 변신시키고 모임의 주인으로 만드는 것이다.

보스턴컨설팅은 2025년 한국에서는 제조업 일자리의 40%가 기계로 대체될 것이라고 전망했다. 미래에는 많은 일이 기계로 대체되면서 사람은 창조적 업무에 특화될 것이다. 정보통신기기의 발달로 언제 어디서나 근무할 수 있게 되었다. 재택근무도 가능한 환경이다. 이런 근무환경에서 일하는 방식은 자기주도적이어야 한다. 사사건건 일을 시키는 사람 없이 컴퓨터와 마주앉아서 일할 때 주인 의식

없이 가능할까?

증권사 리서치센터의 신입사원(RA)은 아침 6시 30분 이전에 회사에 도착해야 한다. 전날 미국 등 해외시장을 정리해서 7시 20분에 시작되는 회의의 자료를 만들어야 하기 때문이다. 퇴근 시간은 정해져 있지 않다. 실제로 퇴근을 하지 않고 사무실에서 쪽잠을 자는 경우도 많다. 여직원의 경우 아침 6시 30분까지 출근한다는 것은 너무 가혹한 일이다. 머리 손질, 화장, 그리고 출근 시간을 감안하면 5시에는 일어나야 한다. 당시 리서치센터장이었던 나는 안타까운 마음에 여직원 화장실에 헤어드라이기와 휴식용 의자를 놓아주었다. 간단한 조치로 이들은 회사가 집처럼 편하게 느껴졌다고 했다. 일을 주인처럼 하게 된 것이다.

주인 의식 위에 창의성의 탑을 쌓아야

앞으로 직장의 근무 방식은 자유롭게 바뀔 것이다. 자신이 잘하고 좋아하는 일을 할 때 야근이 보람으로 느껴질 수도 있다. 창의성은 회사에 있다고 떠오르지 않는다. 길을 걷다가 생각날 수도 있고, 일요일 오후에 떠오를 수도 있다. 새로운 생각은 뇌가 맑은 상태일 때 더 많이 떠오른다. 피곤하고 숙취가 있는 상태에서 혁신적인 생각이 떠오르겠는가? 유연한 근로시간과 자유로운 업무 분위기는 점차 일반적 현상이 될 것이다. 자유로운 분위기에서 창조적인 아이디어와 조직의 성과를 내려면 주인 의식과 책임감이 바탕이 되어야 한다. 그렇지 않으면 통제하는 사람이 적을 때 스스로 나태해지거나 업무 방향을 잘못 설정할 수 있다.

일본의 도요타자동차는 전체 종업원의 30%인 2만 5천 명이 재택근무를 한다. 이들은 사무직과 연구개발 분야에서 일한다. 도요타에서 재택근무하는 직원들은 회사 전체의 방향성을 잘 이해하고 주인 의식과 책임감이 강하다고 한다. 앞으로 많은 직장에서 재택근무가 늘어날 것이다. 주인 의식이 있는 직원은 그 회사의 주인이기 때문에 전체 방향성을 잘 알고 있다. 주인이라서 자유와 책임을 동시에 감안한다.

이와는 반대의 경우도 있다. 재택근무의 원조(元祖)격인 IBM은 2017년 5월, 점차 재택근무를 줄이겠다고 발표했다. 직원 38만 명 가운데 40%가량이 재택근무하던 IBM이 이런 결정을 내린 것은 20분기 연속 매출 부진 때문이다. IBM이 확실히 밝히지는 않았지만 도요타 직원에 비해 IBM 직원들은 주인 의식과 책임감이 약했으리라 추정된다. IBM에서 재택근무 중인 직원 중 人災가 많았다는 의미가 아닐까? 만일 창의적인 조직에 人災가 있다면 그 조직의 유연성은 깨져버린다. 노비형 人災는 눈치나 보면서 시키는 일만 하려고 한다. 재택근무나 재충전을 위해 시간을 주어도 개인적인 취미생활에 빠져버릴 수도 있다.

4차 산업혁명은 세상의 모든 기계와 현상을 연결한다. 이런 환경에서는 한 사람의 실수나 범죄가 엄청난 피해를 줄 수 있다. 어떤 기계 장치도 100% 안전하지는 않다. 기관사를 생각해보자. 최초의 증기기관차는 시속 16킬로미터로 달렸다. 천천히 달리기 때문에 사고가 나도 피해는 제한적이었다. 그러나 지금의 고속철도는 시속 300킬로미터가 넘는다. 경미한 사고라도 발생한다면 그 피해는 치명적이다. 따라서 자신의 일에 대한 책임감이 강하고 주인 의식이 있어야만 대형 사고를 미연에 방지할 수 있다. 책임감이 약한 노비형 人災는 존재가치가 없어질 것이다. **4차 산업혁명 시대에는 주인 의식을 기반으로 한 책임감, 성실성 등 과거의 덕목이 다시 부각될 것이다.**

인재는 궁극적으로 류(流)를 갖추려고 노력한다. 스스로 터득하려고 생각과 행동을 남다르게 가져간다. '도(道)가 텄다'라는 말이 있다. 도가 튼 사람은 훌륭한 전문가라는 것과 같다. 그러나 거기서 더 나아가 류(流)는 도가 틀 정도의 전문성은 기본이고, 타인을 저절로 복종하게 만드는 단계다. 행동과 사고의 주체성이 넘치는데다가 타인까지 이끌기 때문에 '주인'이다. 그는 깊은 성찰로 삶의 모든 순간을 주체적으로 살아간다. 인생을 주인으로 살아가는 철학이 있다. 인생을 노비로 살 것인가, 주인으로 살 것인가? 이 명제가 가슴에 있는 사람만이 류(流)를 추구할 자격이 있다.

하향식 vs 상향식

먹방(음식, 요리 방송 프로그램)과 다이어트는 한국 사회의 최대 관심사 같다. 거의 모든 텔레비전에서 먹방 비중이 높아지고 다이어트는 전 국민의 관심사항이다. 건강에 대한 과도한 집착으로 건강보조 식품이 날개 돋친 듯 팔린다. 또 다른 변화는 사소한 일에 목숨을 걸 정도로 희귀한 사건이 많아진 점이다. 층간 소음이 살인사건으로 이 어지거나 자동차 운행 중 사소한 시비가 보복 운전을 불러오고 끝내 는 대형 참사로 이어지는 일이 크게 늘고 있다. 왜 그럴까?

학창 시절, 사회 과목에서 매슬로(Maslow)의 '인간 욕구의 5단 계 이론'을 배웠을 것이다. 사람의 욕구는 낮은 단계인 생리적 욕구 에서부터 점차 고차원적 욕구로 발전한다는 내용이다. 내가 영업을 다니던 시절 사용한 최고 존칭은 '존경합니다!'였다. 평범한 사람이 5단계인 '자아실현' 경지에 도달하기는 어렵다. 그렇다면 4단계인 존경을 받는다는 것은 인격이 매우 높다는 뜻이다. 서로 이렇게 이해 하니 약간 낯 뜨거워도 '존경합니다'를 여전히 최고 극존칭으로 사 용하고 있다.

지금 한국 사회에서는 매슬로 이론이 통하지 않는다. 경제발전 으로 1, 2단계인 생리 욕구와 안전 욕구는 어느 정도 충족되었다. 이 어서 3단계인 사회적 욕구나 존경의 단계로 넘어가야 하지만 다시 1, 2단계로 후퇴하는 모양새다. 사회 전체가 생존과 안전에 과도하게 집착한다. 인재는 큰 그림을 그리면서 산다. 비록 자신이 **당장은 어 려운 처지이지만, 타인에게서 존경받고 궁극적으로 자아 완성을 추 구한다.** 인재는 1, 2단계 욕구에 크게 개의치 않는다. 관심은 있지만 중요도에서 낮게 둔다. 반면 3단계 이상의 높은 욕구를 삶의 지표로 삼는다. 타인과 관계에 각별히 신경 쓰면서 자아를 완성하려고 공부

매슬로의 인간 욕구의 5단계

를 게을리하지 않는다. 참고로 4단계 존경의 단계에 오른 사람을 판단하는 간단한 방법이 있다. 당사자가 없는 자리에서 그를 지칭할 때 '그분' 또는 '○○님' 등과 같은 존칭을 사용하면 4단계에 오른 것이다. 반대의 경우도 있다. 물론 가볍게 말하는 당사자 자신은 깨닫지 못한다.

3, 4단계인 소속감이나 존경은 개인적 차원이 아닌 조직 속에서 나타나는 욕구다. 조직 속의 인재는 동료들과 다른 의식구조를 가지고 있다. 조직 속에서 3단계 이상의 욕구를 이루려고 노력한다. 이 과정에서 궁극적인 자기완성도 자연스럽게 추구한다. 자신에 대한 생각도 다르다. 인재는 자존감(自尊感)이 높다. 스스로 자신을 귀하

게 여긴다. 자신의 존재가 소중하기 때문에 더 치열하게 수련한다. 다른 사람들도 존귀하기 때문에 그들도 본인과 똑같이 존중한다. 반면 人災는 하향식으로 낮은 단계의 욕구에 머문다. 스스로 자기 존재를 느끼지 못한다. 다만 1, 2단계 욕구가 방해되거나 무산되었을 경우 감정적으로 대응한다. 이른바 자존심(自存心)을 내세운다. 자기 존재에만 관심을 둔다.

자기 검열 vs 자유

21세기에 혜성처럼 등장해서 재벌급으로 성장했던 기업의 이야기다. 무리한 사세 확장으로 부도 일보 직전까지 가자 그룹 오너까지 참여한 임원회의에서 오너가 말했다. "너희는 도대체 뭐 했냐? 회사가 이 꼴이 되도록 임원들은 밥만 축낸 거 아니냐? 내 확장 전략을 말렸어야 하는 것 아니냐?" 그러자 용감한(?) 임원이 이렇게 답했다. "회장님! 그런 충언을 한 사람을 회장님이 모두 퇴임시키지 않았습니까?" 많은 한국 기업에서는 아직도 권한이 집중된 황제 경영이 일반적이다. 최소한 1개월 이전에 잡아야 하는 골프 약속의 경우, 일부 기업은 골프를 하기 전날 갑자기 사장의 골프장 집합 명령이 떨어지기도 한다. 이런 조직의 임직원은 소통은 차후 문제이고 생각과 행동의 자유조차 없다.

조직 분위기가 자유로워야 창의적인 생각이 떠오른다. 억압된 환경에서 생활하는 사람들은 창조적 아이디어가 있을 때 자기 검열 (Self-censorship)을 한다. '이런 일을 해도 될까?' '이런 생각을 하면 부장이 싫어하겠지!' 하고 스스로 자기 검열을 한다. 자기 검열 결과 통과가 안 될 것 같으면 스스로 폐기해버린다. 자기 검열이 습관화된 사람은 창의성이 자라지 못한다. 그가 속한 조직도 창의성을 잃게 된다. 한국은 권위적인 유교문화가 지배하고 있다. 신입사원이 기발한 생각을 하면 오히려 문제가 있다고 보는 人災도 있다. 급속한 산업화가 성공하면서 현재의 기득권층은 과거의 성공에 취해 있다. 새로운 아이디어나 생각을 어린아이의 투정 정도로 여기는 리더도 있다. 리더가 무의식적으로 자기 검열을 강요하는 셈이다. 물론 리더들도 창의성에 목말라 한다. 그러나 이런 식으로 창의성을 수용하지 못하는 모순적 태도를 보이기도 한다. 한 발 더 나아가 人災는 자기 검열을 자신이 조식생활을 잘하는 것으로 오판한다. 그는 '스스로 알아서 한다'고 하면서 문제를 제기하는 사람을 비난한다. 이런 습관이 굳어져 스스로 내린 계엄령 속에 살면서 행복해한다.

창의성은 자유를 먹고 자란다. 가정부터 학교, 기업, 국가 차원에서 자유로운 분위기가 보장되어야 4차 산업혁명도 가능하다. 기업의 세계에서 보면 경쟁자도 최선을 다한다. 그냥 열심히 최선을 다한다고 성공이 보장되지는 않는다. 오직 창의적인 제품과 마케팅으로 경쟁자를 제압하는 것이 가장 확실한 승리 방법이다. 4차 산업혁명은 기존에는 존재하지 않던 새로운 것을 만들어내는 것이다. 없던 것을 만들어내는 데는 창의성이 기초 영양분이다. 따라서 기업은 창의성이 최고 방패이자 창이다. 자기 검열이 일상화되면 기업이나 임직원 모두 발전하지 못한다. **회사가 진정으로 자유로울 때 아이디어가**

많이 나온다. 이렇게 해서 나온 많은 아이디어 중에서 히트작이 만들어지는 것이다. 하나에만 집중한다고 해서 대작이 나오지는 않는다.

유학(儒學)이 태동한 춘추전국시대(기원전 8세기~기원전 3세기)는 21세기와 유사해 보인다. 수많은 영웅호걸이 권력을 다투면서 동시에 다양한 학문과 철학이 경쟁한 시대이기도 하다. 당시 우리가 아는 현인들과 학파를 제자백가(諸子百家)라고 한다. 제자백가는 자기 사상을 자유롭게 토론하고 또 경쟁했다. 이런 모습을 백가쟁명(百家爭鳴)이라고 한다. 그 결과 많은 꽃이 한꺼번에 피는 모습과 같이 갖가지 학문과 예술, 사상이 함께 융성하는 백화제방(百花齊放)이 나타났다. 바로 이런 모습이 2천 년 이상 세월이 흐른 21세기에도 모든 조직에서 필요하다. 제자백가는 임직원이고 백가쟁명은 자유로운 기업문화이며 백화제방은 거기서 도출된 창조적 결과물이다.

욕구의 3단계(사회적 욕구)에서 4단계(존경)로 넘어가는 과정에서는 특히 자유가 중요하다. 스스로 생각하고 의사결정을 할 때 존경을 받는다. 통상 사람들은 삶을 자기 주도적으로 살아가는 사람을 존경한다. 자유 속에서만 혁신적인 결과물이 나오기 때문에 인재는 스스로 자유로워지려고 노력한다. 사소한 욕구에 집착하지 않는다. 또 자신이 속한 조직의 구성원들이 자유롭게 생각할 수 있도록 항상 조직 분위기를 살핀다.

사람은 누구나 늙고 결국 죽는다. 사랑스러운 아이도 죽는다. 아무도 죽음을 피할 수 없다. 죽음이 가까워졌을 때 인간은 신분의 귀천 구분 없이 더 살고 싶다는 동물적인 욕망으로 가득 찬다. 한국인은 더 살고 싶은 욕망 때문에 중병에 걸려 죽음을 앞두었을 때 여명 치료를 하느라 돈을 많이 쓴다. 반면 유럽에서는 생존 가능성이 낮을 경우, 진통 효과가 강한 마약류를 사용한다. 유럽에서는 한국에 비해 병원에서 진통제(마약류)를 6배나 더 많이 사용한다.

누구나 생존에 대한 집착이 강하다. 종교인이 아닌 사람이 평소 죽음을 의식하고 살아가기는 쉽지 않다. 인재는 부자나 노숙인이나 어차피 죽으면 똑같다고 생각한다. 탐욕에만 집착하며 사는 것은 별 의미가 없다고 생각한다. 그러나 人災는 죽음을 회피하는 방편으로 현재의 행복과 탐욕에만 집착한다. 자신은 영원히 불멸할 것으로 생각한다. 죽음을 피하려고 무슨 일이든 한다. 가장 중요한 가치 판단 기준은 오직 자신의 생존과 행복뿐이다. 현재의 행복에 집착할수록 그의 삶은 여유가 없다. 자살하는 사람들에게서 공통적으로 발견되는 심리적 특징은 과도한 집착이다.

미션 임파서블?

인재도 물론 죽음을 두려워한다. 현재의 행복을 만끽하고 싶어한다. 그러나 죽음에 대한 태도는 人災와 다르다. 아무도 죽음을 피할 수 없고, 죽어가는 과정이나 죽은 후에는 누구나 동일하다고 생각

죽음조차 여유 있게 대할 때
자신이 좋아하고 잘하는 일에 몰두할 수 있다.
죽으면 할 수 없기 때문에 정말 중요하고
가치 있는 일에 몰입하게 한다.

리더의 행동은 상관보다 부하직원에게 낱낱이 드러난다.
업무와 관련된 리더의 모든 행위는 부하직원의 업무이기도 하다.
그래서 리더에 대한 부하의 평가가 중요하다.

한다. 이런 생각 때문에 탐욕을 줄이고 인생을 한 발 뒤에서 볼 수 있는 여유를 갖게 된다. 탐욕을 줄인 여유로움은 어려운 일도 쉽게 처리하게 해준다. 어렵고 힘든 일을 처리하면서 '설마 죽기야 하겠어?' 라고 생각한다. 영화 〈미션 임파서블〉에서 주인공 톰 크루즈는 여러 번 죽을 고비를 넘긴다. 죽음 앞에서 여유가 있기 때문에 불가능한 임무를 수행한다. 전쟁 영웅들도 아마 비슷한 생각을 했을 것이다. 삶의 여유는 명품이나 고급 음식에 대한 집착도 약하게 한다. 죽으면 아무 소용없는데 굳이 명품에 집착할 이유가 있을까? 죽음조차 여유 있게 대할 때 자신이 좋아하고 잘하는 일에 몰두할 수 있다. 죽으면 할 수 없기 때문에 정말 중요하고 가치 있는 일에 몰입하게 한다.

죽음에 대해 확고한 철학을 가지게 되면 인생에 대한 생각도 달라진다. 자신이 300만 년 이어온 인류 진화의 산물이라고 생각한다. 갑자기 탄생한 창조물이 아니라 선조들이 유전자를 통해 본인 안에 존재한다고 느낄 수 있다. 자신 속에 지구의 역사, 크게는 우주의 존재가 스며 있다고 생각한다면 비관하거나 일희일비하지 않는다. 강한 자존감을 가질 수도 있다.

2017년 초반 한국을 강타한 드라마 〈도깨비〉 열풍은 죽음에 대해 여유를 갖는 데 도움을 주었다고 생각한다. 삶과 죽음이 반복되는 윤회 과정에서 자신이 과거와 연결되어 있다는 인식을 던져주었다. 비슷한 시기에 방영된 〈푸른 바다의 전설〉도 유사한 주제를 다뤘다. 두 드라마의 열풍은 한국 사회가 죽음에 관심이 많다는 증거로 볼 수도 있다. 다만 죽음에 대한 관심이 현세에 대한 집착을 줄이고 삶의

에너지로 승화하는 데까지 발전하진 못해서 아쉽다. 핵심은 **평소 죽음을 의식하는 삶이 더 여유롭고 평화롭다는 점이다.**

부패 vs 정직

길게 봐서 나는 개발도상국(Emerging Market)의 성장에 한계가 보일 것으로 판단한다. 일본, 한국, 중국이 성장한 과정을 쉽게 따라오지 못할 것이다. 왜냐하면 사회적으로 불균형 성장 상태이기 때문이다. 유엔개발계획(UNDP)은 평균수명, 교육수준, 생활수준 등을 이용해 국가별로 인간개발지수(HDI)를 발표한다. 상위권은 당연히 노르웨이, 오스트레일리아, 스위스 등으로 국민이 장수하고 소득과 교육 수준이 높다. 그와는 대조적으로 브라질, 베트남, 인도네시아, 태국, 필리핀 등은 조사조차 못하고 있다. 유사한 다른 조사를 봐도 이들 국가는 수십 년째 최하위권이거나 순위권 밖이다. 이런 국가들도 공통적으로 경제 규모가 커지고 있긴 하다. 그런데 인간개발지수는 왜 상승하지 않을까? 경제는 성장하지만 불평등한 성장과 부정부패가 만연해 있기 때문이다. 경제발전에 따른 성과가 특정 계층에만 집중되고, 국민은 대부분 여전히 교육이나 보건과 관련된 서비스를 받지 못한다. 또 부패가 비일비재해서 사회의 안정성이 매우 낮다. 장기적으로 이들 국가의 성장을 믿어도 될까?

어떤 조직이든 부패가 늘어나면 시스템 작동이 멈춘다. 사익(私益)을 우선하기 때문에 정상적인 명령 계통을 따라 조직이 가동되지 않는다. 기업도 마찬가지다. 조직원의 사적인 이해가 우선하면 해당 조직은 여지없이 무너진다. 부패를 거부하는 청렴문화는 기업뿐 아니라 국가 전체의 과제다. 부패에 물든 人災 한 명이 조직 전제를 멍칠 수 있다. 향후 인재에게 정직과 윤리는 더욱 중요해진다. 국민 모두 정직하고 윤리성이 높으면 전체 경제도 성장한다. 하지만 사람의 이기심이 스스로 불행의 늪에 가둔다.

20~30년 전만 해도 한국은 매우 청렴한 국가였다. 그러나 경제성장률이 하락하면서 자신만의 생존과 편안함을 추구하는 경향이 강해지고 있다. 매슬로의 인간 욕구 5단계 중 하위 단계 욕구에 집착하게 된 것이다. 경제성장률이 낮아지면 부를 축적하기 어렵다. 그 결과 고성장에 대한 갈망이 오히려 더 강해진다. 다른 한편으로는 부패나 범죄를 이용해 부를 축적하려는 시도가 늘어난다. 사회 전체가 부패와 범죄가 발생하기 용이한 환경으로 바뀌면 정부는 규제를 강화할 수밖에 없다. 경제성장률을 높이려면 규제를 풀어야 하지만 규제를 풀었을 때 부패와 범죄가 더 늘어날 것으로 보기 때문이다. **부패가 규제를 강화하고 규제가 많아져 경제성장을 가로막는 악순환 고리에 빠졌다.**

어항 속의 금붕어

리더의 모든 행동은 직원들의 관심 대상이다. 일과 방향성을 지시하고 인사고과라는 무기로 자신을 평가하기 때문에 리더에게 시선을 집중한다. 그래서 리더를 '어항 속 금붕어'라고도 한다. 어항 속 금붕어는 모든 행동이 보인다. 리더의 행동은 상관보다 부하직원에게 낱낱이 드러난다. 업무와 관련된 리더의 모든 행위는 부하직원의 업무이기도 하다. 그래서 리더에 대한 부하의 평가가 중요하다. 리더가 부정에 연루되면 부하는 리더를 존경하는 마음을 접는다. 좋은 팔로어에서 비판자나 감시자가 된다. 그러면 리더십을 발휘할 수 없게 되므로 리더는 정직하게 언행일치를 실천해야 한다.

인간의 모든 행동이 기록되는 시대가 도래했다. 신용카드, 교통카드, 스마트폰, CCTV 등은 사람의 삶을 편안하게 해주었지만, 인류 전체의 일거수일투족을 모두 감시당하는 결과를 낳았다. 개인의 사생활이 사라진 것이다. 감시 사회가 도래하면서 작은 부정부패는 줄어들고 있다. 기업 내에서도 구매 관련 부서나 갑(甲) 노릇을 하는 부서는 회사 안 감사팀에서 촘촘히 감시한다. 혹시 문제가 생기면 통화 내역, 카드 사용 내역 등이 자동으로 조회되기 때문에 부정행위는 과거보다 훨씬 쉽게 적발된다. 차량에 블랙박스가 설치되면서 교통사고와 관련된 분쟁이나 자동차보험 사기도 줄어들 것이다. 웬만한 범죄는 텔레비전이나 유튜브 등에서 실시간으로 볼 수 있는 시대다.

최근 사회 지도층 인사들이 어이없는 부패나 실수로 모든 것을 잃어버리는 사례가 빈번하다. 그는 과거형 人災라서 본인의 행동이 카메라에 찍혀 보존된다는 것을 이해하지 못했다. 4차 산업혁명으로 물리적 세상은 좀 더 투명해질 것이다. 누군가 자기 행위를 보고 있다는 사실을 의식한다면 불공정 행위는 시도하기조차 어려워진다. 거래에 참여하는 모든 사용자에게 거래내역을 보내주며 거래할 때마다 이를 대조해 데이터 위조를 막는 블록체인(Block Chain) 기술이 도입된다면 모든 거래관계가 복수의 상대방에게 분산 보존된다. 이런 상황에서 뇌물이 가능할까? 4차 산업혁명이 부패를 막는 첨병이 될 수 있다.

류(流)를 지향하는 인재라면 행위의 중심에 윤리의 잣대를 놓아야 한다. 자신이 부정을 저지르지 않는 것은 기본이다. 모든 업무는 윤리라는 관점에서 공정하게 처리해야 한다. 어차피 모든 행동이 어디엔가 기록되기 때문이다. 자기 마음을 항상 깨끗이 하려고 노력해야 한다. 상사를 윤리적으로 존경할 만하면 부하직원들은 다소 불편할 수도 있다. 그러나 그의 본심을 이해하면 그들은 자발적인 팔로어가 될 것이다. 그의 상사들도 정직한 그 인재에게 중요한 일을 맡길 것이다. 그 결과 당연히 더 큰일을 하게 된다. **윤리적인 삶을 사는 것은 특별한 행위를 하지 않고도 가능하다. 뭔가를 하지 않고도 리더십을 저절로 높일 수 있다.**

각자도생 vs 집단지성

최근 독일의 성공이 주목받고 있다. 독일은 1870년 통일전쟁 후부터 제2차 세계대전까지 전쟁의 역사가 길다. 게다가 제1차 세계대전 후 1920년대 초반에는 역사상 유례없는 초인플레이션(Hyper Inflation)을 겪었다. 이런 역사적 경험은 독일인에게 겸손과 절약 습관, 다양성을 존중하는 정신을 심어주었다.

이런 정신이 라인강의 기적을 이끈 원동력이었다. 1985년 플라자합의(Plaza Accord, 의도적으로 미국의 달러화 약세를 유도하려고 미국과 독일, 일본이 맺은 합의), 1989년 동독 흡수 합병으로 잠시 어려운 시기를 맞기도 했다. 이때 독일은 히든챔피언 같은 세계적 강소기업을 육성한 결과 다시 성공가도를 달리고 있다. 독일은 위기가 닥칠수록 강해지는 나라다. 이런 독일을 한마디로 정의하면 국민의 정신(mindset)이 긍정적이면서 다양성을 존중한다는 점이다. 한마디로 평균적인 독일인들은 이 책에서 얘기하는 인재에 가깝다. 험난한 역사 때문에 독일인은 다른 문화를 받아들이는 데 익숙하다. 인구는 다소 적지만 개방성이 높다. 최근 시리아 난민을 가장 많이 받아들이는 것만 봐도 독일인의 여유를 느낄 수 있다.

독일의 다양성을 존중하는 문화가 '집단지성' 문화를 정착시켜왔다. 뛰어난 인재로 구성된 국민이 서로 활발하게 소통하면서 대안을 만들어간다. '인재의 네트워크', 즉 집단지성을 만들었기 때문에 오늘의 독일이 되었다. 류(流)를 갖춘 뛰어난 인재라도 자기가 모든 것을 알고 실행할 수는 없다. 세상이 갈수록 복잡해지기 때문에 다양한 지식을 결합해야만 창의적인 생산물이 나온다. 기업도 마찬가지다. 인재가 아무리 많아도 꿰어야 보배다. 인재들끼리 정보를 활발하게 교류하도록 경영자는 의식적으로 기반을 만들고 노력해야 한다.

협업과 집단지성은 매우 유사하다. 굳이 구별하면 협업은 경영현장의 마지막 단계, 즉 결과물을 만들어내는 능력이다. 반면 집단지성은 특정 조직 내 인재들이 서로 지식과 지혜를 나누고 공유하면서 함께 더 높이 성장하는 것이다. 즉 협업 이전 단계에서 조직 구성원들이 지혜를 공유하는 한 차원 높은 시스템으로 보면 될 듯하다.

따라서 창의적인 결과물은 집단지성의 문화 속에서만 가능하다.

류(流)를 갖춘 인재는 삶을 주인으로 살지만 각자도생(各自圖生)하지는 않는다. 자기 지혜와 다른 사람의 지식을 엮어 거대한 지혜의 네트워크를 만든다. 물론 자신이 집단지성의 중심에 서려고 항상 노력한다. 집단지성을 만들고 활용하는 것이 최고 수준 인재의 조직생활이다.

집단지성이 4차 산업혁명과 만나면 7감(七感)까지 가능해진다. 국제컨설팅회사인 '키신저협회'의 공동 CEO 조슈아 쿠퍼 라모(Joshua Cooper Ramo)는 『제7의 감각, 초연결 지능』(The Seventh Sense)에서 네트워크가 바꾸는 세상의 변화를 연결이라는 측면에서 강조했다. 세상의 모든 현상과 사물이 연결되어 전혀 새로운 가치(value)를 만들어낸다는 것이다. 이를 그는 제7의 감각, 즉 '7감'이라고 명명했다. 앞서 인재는 오감(五感)을 넘어 육감(六感)을 가지고 있다고 했다. 이 인재들이 집단지성의 문화를 가지고 있는 상태에서 7감으로 완벽하게 연결된다면 효과는 상상을 초월할 것이다. 기술 융복합이 아주 쉬워지게 되고 특정 분야의 지식이 집단지성 구성원에게 빠르게 전파되면서 새로운 창의적인 생각과 생산물이 쏟아져나올 수 있다. 연일 혁신 결과를 발표하는 구글, 페이스북, 아마존, 테슬라 같은 기업은 7감을 자유자재로 사용하는 인재들로 구성되어 있을 것이다. 그들의 혁신은 단 한 사람의 직관이나 창의성으로 탄생한 것이 아니다.

책의 주제에서 다소 벗어나지만 미래 한국은 독일을 지향해야 한다. 작은 단위 조직부터 한국 전체까지 집단지성이 가능한 문화를 목표로 삼고 실행해야 한다. 인재들이 작은 지식으로 각자도생만 추구한다면 트리플 카오스를 넘을 수 없다. 물론 각자도생하는 인재는 人災다.

하늘에서 보다!

류(流)의 품성을 갖춘다는 것은 자신만의 올곧은 창으로 세상과 마주한다는 뜻이다. 그렇다면 구체적으로 류(流)의 자질을 갖춘 인재의 두세 차원 높은 세계는 과연 어떤 세계일까? 핵심은 사물이나 현상에서 한 발 비켜서서도 본질을 파악하고, 다른 현상과 연결을 생각하는 능력이다. 그리고 먼 미래의 일을 예측하고 실행한다는 점이다.

　우리 앞의 세상은 살아 있는 하나의 시스템이다. 이 시스템을 '시스템 빙산'이라는 측면에서 파악하면 이해가 빠르다. 사건(events)은 수면 위에 보이는 작은 빙산이다. 지금 일어나는 수많은 일이다. 매일매일 발생한다. 이 사건들이 모여 패턴(patterns)을 만든다. 다양한 사건의 특징을 모아보면 일정한 규칙이 나타난다. 시간 흐름에 따라 사건들이 누적된 결과다. 사건 간의 맥락과 상호 연결관계를 이해할 수 있다. 경향(trends)과 유사한 개념이다.

　사건과 패턴을 아우르는 포괄적 개념은 구조(structure)다. 구조는 시스템을 구성하는 여러 부분을 조직화한다. 빙산의 전체 모습을 한꺼번에 볼 수 있게 해준다. 전체적 측면에서 바라보는 틀

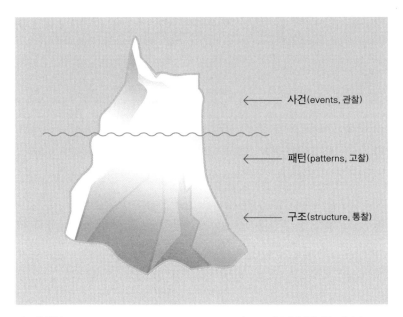

시스템 빙산   자료 : 노화준, 『정책학원론』, 박영사, 2012

(framework)을 의미한다. 그리고 구조는 다시 새로운 사건과 패턴을 만들어낸다. 이런 시스템 빙산에서 중요한 것은 사건, 패턴, 구조가 모두 유동적이고 변한다는 사실이다. 새로운 사건이 패턴을 만들고, 패턴은 구조를 만드는 동시에 구조는 다시 새로운 사건과 패턴을 만들어가는 과정이 영원히 지속된다. 인재는 작은 사건에서 패턴을 파악한 뒤 시스템 전체의 구조를 이해한다.

벤츠 vs 인공위성

어린 시절 나에게 최고의 자동차는 벤츠였다. 벤츠를 보면 성취욕구가 저절로 생길 정도로 선망의 대상이었다. 人災는 선망의 대상인 벤츠를 구입하면 모든 것을 얻은 듯 기뻐한다. 다른 사람에게 자랑하고, 혹시 차에 흠집이라도 날까 봐 노심초사한다. 때로는 지인들을 태워주면서 자만심을 키우기도 한다. 그러나 인공위성에서는 벤츠뿐 아니라 삼라만상을 모두 본다. 요즘은 기술이 발달하면서 골프공 크기의 물체도 식별할 정도다.

류(流)의 단계에 있는 인재는 모든 현상을 인공위성에서 보듯이 '전체'를 한눈에 본다. 인간 시야의 한계를 넘어 사물과 현상을 자세히 그리고 연결해서 본다. 나무와 숲의 비유로 볼 수도 있지만 인공위성은 그 이상을 본다. 암벽도 보고 도시도 본다. 바람도 보고 사람도 본다. 물론 인재의 최종 목표는 인공위성 같은 인식의 폭과 깊이를 갖추는 것이다. 동양 고전에 나오는 '천리안 만리통(千里眼 萬里通)'이 유사한 개념이다. 즉 혜안(慧眼)을 얻게 되는 것이다. 이를 컴퓨터로 표현하면 슈퍼컴퓨터나 병렬로 연결된 크라우딩 컴퓨터와 비슷한 개념이다.

인공위성 승선법

글로벌 감각은 세계적 문제가 한국, 사회, 회사 그리고 최종적으로 자신에게 어떤 영향을 주는지 알아내는 능력이다. 선진국의 선거는 한국의 선거에도 영향을 준다. 국가 안보도 주변 4대 강국의 영향이 강하다. 중동에서 일어나는 전쟁은 유가에 영향을 준다. 한국은 무역 의존도가 높은 제조업 국가다. 거의 모든 천연자원을 수입에 의존한다. 따라서 해외에서 발생하는 모든 현상은 한국에 영향을 준다. 국민 개개인에게도 반드시 영향을 끼친다. 해외의 금리, 주가, 부동산가격, 환율 등의 움직임이 국민 모두에게 영향을 준다. 따라서 인공위성을 타고 지구 전체를 보는 시각부터 길러야 한다.

내가 만나본 류(流) 단계에 오른 사람들은 인공위성에서 세상을 보는 듯했다. 그들에게서 발견한 공통점을 인공위성 승선법으로 소개한다. 인공위성에 올라타려면 ① 세계를 움직이는 기초질서와 원리 등을 공부한다. 국제정치, 국제경제뿐 아니라 글로벌 트렌드에도 항상 관심을 기울인다. ② 매일 다양한 신문을 읽는다. 신문의 국제면 기사와 해설란을 꼼꼼히 읽는다. 시간이 지나면 한국에 바로 영향을 줄 것으로 보기 때문이다. ③ 주요 국가의 사회지표와 경제지표를 평소에 암기한다. 예를 들어 국가 간 금리 수준을 비교해보면 국가 간의 경제력 차이와 경제발전 정도를 파악할 수 있다. 장기적으로 금리가 움직이는 추세까지 파악하면 더 좋다. ④ 관심 국가의 경우 역사와 문화를 공부한다. 비즈니스가 있는 국가나 해외에 파견되는 주재원의 경우 해당 국가의 역사와 문화에 대한 학습이 선행되어야 한다. 상거래 관행 등 실무적인 내용은 이후에 파악한다. ⑤ 글로벌 이슈가 발생하면 한국에 미칠 영향을 생각해본다. 이미 미국 등 선진국의 변화는 한국에 100% 영향을 준다. 심지어 부동산가격도 방향성이 일치한다. 복덕방이 아니라 미국 등 선진국 부동산 경기를 먼저 살피는 것이 돈을 버는 방법이다. ⑥ 전문가의 기고, 좌담 등을 찾아서 읽고 듣는다. 즉 세계적 차원에서 발생하는 현상에 항상 관심을 가져야 한다. 평소에 이런 관심을 적어도 5년 이상 실행하면 큰 그림을 읽는 안목이 생길 것이다.

차석용 LG생활건강 부회장은 '5무(無) 경영인'으로 알려져 있다. 언론 인터뷰에 따르면 그는 술, 담배, 골프, 회식, 의전(儀典)을 모른다고 한다. 출퇴근 시간은 오전 6시와 오후 4시. 매출 6조 원대 기업의 CEO가 오후 4시에 '칼퇴근'하는 사례는 듣도 보도 못했다. 더군다나 권위적인 재벌계 회사에서 이를 실행한다니! 그러면 그는 나머지 여유 시간에 뭘 할까? 그는 세계적 트렌드 잡지 10여 가지를 정기구독하고 매월 국내외 서적 10권 정도를 읽는다. 또 퇴근한 후에는 낚싯바늘을 두른 듯 감각을 예민하게 한 채 백화점이나 거리의 상점을 기웃거리면서 최신 트렌드를 체화(體化)하려고 노력하는 산책가형 인재다. 그는 인공위성에 올라타려 군더더기를 버리고 핵심에만 집중하며, 여유 시간을 모두 투자하는 것이다. **인공위성에 올라타는 것은 벤츠를 타는 것보다 천 배, 만 배 어렵다!**

삼단논법 vs 10단논법

변덕스러운 기상이변이 나타나면 어떤 변화가 있을까? 내가 요구하는 정답은 중국의 주택가격 하락이나 학교 앞 떡볶이 가게의 매출이 줄어드는 것이다. 날씨가 변덕스럽다면 엘리뇨 또는 라니냐 현상이 나타난다는 얘기다. 그렇다면 콩과 같은 사료용 곡물이 흉작일 것이다. 사료가격이 상승하면 돼지고기값이 상승한다. 중국은 전체 소비자물가지수 중 음식료 비중이 높다. 특히 돼지고기를 매우 많이 소비해서 물가지수에 크게 반영된다. 물가가 오르면 양극화가 심한 중국의 특성상 서민 물가를 잡으려고 금리를 올릴 것이다. 금리가 오르면 이자 부담이 늘어 경기는 당연히 나빠진다. 금융기관들은 대출을 줄일 것이다. 특히 빚을 내 집을 구입한 사람은 이자가 오르기 때문에 서둘러 처분할 수밖에 없다. 결론적으로 주택가격이 하락할 것이다. 그러면 그다음은? 중국 경기가 침체되면 한국의 대중국 수출이 줄어든다. 한국 역시 경기가 나빠지고 주가가 하락할 것이다. 경영이 악화된 기업들이 보너스 지급을 줄이게 되면 아이들 용돈도 줄어든다. 결국 학교 앞 떡볶이 가게 매출이 줄어들 수 있다.

지구온난화로 걱정이 클 때 혜안 10단은 부산의 창고 부지 매입을 물색하거나 정유회사 주식을 팔 것이다. 북극해가 녹게 되면 동아시아에서 유럽으로 가는 항로가 단축된다. 기존의 말라카해협, 아프리카 희망봉 또는 수에즈운하를 건너는 먼 항로에서 북극해를 통과하는 짧은 항로가 열린다. 이럴 경우 한국, 중국, 일본의 중심에 위치한 부산이 물류 기지로 성장할 개연성이 높아진다. 세계 최대 피라미드 유통회사인 암웨이는 동아시아 물류 센터를 이미 부산에 설치했다. 또 북극해의 유전과 셰일가스가 개발되면 유가가 하락할 것이다. 이런 식의 생각을 과도한 비약으로 볼 수 있지만 인재는 이런 식으로 세상을 본다.

삼단논법이 있다. A가 B이고 B가 C이면 A는 C가 된다는 논리다. 즉 'A=B=C'이면 'A=C'가 되는 것이다. 논리적인 사람의 사고 방식은 삼단논법을 따른다. 그러나 세상은 점점 더 복잡해지고 있다. 앞의 사례는 거의 10여 단계를 넘어서 결론에 도달했다. 날씨가 나쁘면 중국의 집값이 하락하고, 학교 앞 떡볶이 가게 매출이 줄어들 것이라고 단번에 생각한 사람은 이미 천리안을 보유한 것이다. 고수일수록 더 여러 단계를 건너뛰어 생각한다. 삼단논법은 누구나 할 수 있다. 하지만 고수는 10단논법, 때로는 30단논법도 쉽게 생각한다. 이른바 '나비효과'를 서너 개 묶어서 복합적으로 사고하고 판단하는 것이다. 4차 산업혁명의 산물인 빅데이터는 가능한 한 모든 정보를 검색해서 결론을 도출해낸다. 마찬가지로 사람이 10단논법을 구사하면, 두뇌는 CPU가 되고 생각하는 과정은 빅데이터 처리 과정과 유사해진다. 인간만의 특징인 감성적 측면까지 감안할 수 있으면 인공지능이 그리 무섭지는 않을 것이다. 과거의 세계는 단순했다. 10단논법까지 생각하지 않아도 쉽게 결론이 났다. 그러나 과학기술의 발전과 빠른 글로벌화로 더 많은 변수와 다양한 현상이 발생하고 있다. 다양한 변수가 상호작용하면서 세상의 복잡성은 기하급수적으로 증가하고 있다.

반대 트렌드까지 넘어서야

핵심 트렌드가 있으면 반대 트렌드가 형성된다. 반대 트렌드까지 감안해야 류(流) 단계에 오른다. 10여 년 전부터 동네의 소규모 마트가 슈퍼마켓을 대체하고 있다. 유통업의 핵심 트렌드다. 그렇다면 핵심 트렌드에만 주목해야 할까? 한국은 자영업자 비중이 세계에서 가장 높다(특히 유통, 요식업 비중이 높음). 자영업자는 서민이고 또 한 편으로는 유권자다. 따라서 서민경제와 정치적 목적에서 전통 재래 시장을 보호할 필요가 있다. 반대 트렌드가 형성되는 것이다. 그렇다면 다양한 해법이 나올 수 있다. 대기업인 대형마트의 영업시간을 제한해서 재래시장에서 쇼핑할 수 있는 틈을 만들어줘야 한다. 재래 시장도 대형마트처럼 편의시설에 투자해야 한다. 또 대형마트에는 없는 감성적 측면이나 문화적 측면을 보강해서 마니아층을 만들어야 한다.

서울 종로 4가에 있는 광장시장은 감성과 역사성으로 크게 성공한 경우다. 광장시장은 과거 포목점이 중심이었다. 포목점이 사양산업이기 때문에 과감하게 먹거리 시장으로 변신했다. 글로벌 도시 어디에나 있는 먹거리 야시장으로 변화한 것이다. 또 인기 있는 음식점(육회, 빈대떡 등)을 집중 마케팅해서 주변 상권에도 고객이 넘치게 되는 이른바 '낙수효과(落水效果, 고소득층의 소득증대가 소비와 투자 확대로 이어져 궁극적으로 저소득층의 소득도 증가하게 되는 효과)'를 맛보고 있다.

이런 광장시장의 사례가 확산되고 있다. 대구 서문시장의 원단 가게들은 트렌디한 제품으로, 서울 성수동 뚝도시장은 저렴한 먹거리와 수제 맥주로, 전주 남부시장은 개성 있는 감각의 마케팅으로 낡은 재래시장의 이미지에서 벗어나 성업 중이다. 허름한 도심의 낙후 지역이었던 부산의 전포 카페거리는 〈뉴욕타임스〉가 '2017년에 가봐야 할 곳'으로 소개해 화제가 되었다. 반대 트렌드를 적절히 활용

人災는 현상 하나하나에 관심을 둔다.

새로운 팩트가 발생할 때마다 해석하기 바쁘다.

현상의 노예가 되어버린다.

반면 십단논법을 구사하는 인재는

전체 맥락 속에서 사건이나 팩트를 분석한다.

오늘 이런 사건이 발생한 것을

한 달 전 발생한 특정 사건의 연장으로 파악한다.

한 사례다.

광장시장과 앞서 언급한 몇몇 거대상권도 반대 트렌드를 선점해서 일단 경쟁에서 승리했다. 그러나 향후에는 백화점이나 대형마트의 역공을 방어해야 한다. 프랜차이즈 음식에 중독된 소비자를 위해서 독창적인 맛과 감성적인 서비스를 계속 개발해야 한다. 의정부 신세계백화점은 의정부의 명물인 부대찌개 원조집을 입점시켰다. 대기업이 운영하는 한식 뷔페가 인기를 끌면서 'B'급 호텔들의 뷔페 식당은 파리를 날리고 있다. 대형마트뿐 아니라 백화점, 프랜차이즈 음식점들은 조만간 자영업자를 보호하기 위한 조치가 나올 것으로 예상한다. 따라서 조치가 나오기 전에 서둘러 주변의 맛집을 입점시키고 있다. 백화점이나 대형마트는 유통업을 넘어 요식업을 포함하는 복합문화공간이 되었다. 유통, 엔터테인먼트, 음식 등을 한자리에서 파는데 뭐가 더 필요할까? 결국 한국의 자영업자는 대형마트가 하지 않는 사업에 관심을 둬야 한다.

이렇게 깊게 멀리 넓게 생각하는 사람이 인재다. 사회의 복잡성이 증가하고 경쟁이 치열해지면서 10단논법은 이제 생존방식이 되었다. 현재 기업 경영자의 의사결정은 10단논법 이상으로 고차원화되고 있다. 10단논법을 넘어 20단, 30단으로 더 많은 변수를 감안해야 생존할 수 있다. 이는 대기업만의 문제가 아니다. 중소기업, 자영업자 등 모든 사람이 더 깊게 생각해야 한다. 향후 인재 간 격차는 자신이 구사하는 논법의 수준(3단인가, 10단인가)에서 좌우될 것이다.

이게 가능한 일인가? 물론 가능하다. 정보의 양이 풍부해지고 쉽게 접근할 수 있게 되면서 고차원적 추론이 가능해졌다. 문제는 정보의 양과 접근성이 아니다. 다양한 정보를 두뇌 속 도가니에 넣어 버무리기가 어렵다. 단순히 버무린다고 결과가 나올까? 아니다! 10단논법을 전개하려면 우선 상식의 폭이 넓어야 한다. 앞서 나는 상식의 폭을 넓히고 독서를 많이 해야 한다고 언급했다. 앞에 얘기한 인공위성에 승차하는 법도 같은 맥락이다. 기초 상식이 풍부해야 한다. 두뇌의 그릇이 커야 한다는 의미다. 여기에 새로운 정보를 지속적으로 담아서 흘러넘칠 정도가 되어야 한다.

물론 처음부터 10단논법을 구사할 수는 없으니 4단, 5단으로 점차 수위를 높이면 좋다. 자기 예측이 틀렸을 경우에는 꼭 리뷰를 해봐야 한다. 흔히 통찰의 중요성을 얘기한다. 통찰은 폭넓은 상식을 보유한 상태에서 새로운 정보를 입력해 녹일 때만 가능하다. 향후 10단논법이 아니라 거의 무한대논법이 나올 것이다. 인공지능은 무한대 변수를 이용한다. **10단논법은 사업을 성공시키는 비결이기도 하지만 기계와 경쟁해서 살아남기 위해서도 꼭 필요하다.**

팩트 vs 스토리

人災는 현상 하나하나에 관심을 둔다. 새로운 팩트가 발생할 때마다 해석하기 바쁘다. 현상의 노예가 된다. 반면 10단논법을 구사하는 인재는 전체 맥락 속에서 특정한 사건이나 팩트를 분석한다. 오늘 이런 사건이 발생한 것을 한 달 전 발생한 특정 사건의 연장으로 파악한다. 차후 나타날 현상도 예상해본다. 미래를 어느 정도 볼 수 있다는 의미다. 여러 팩트를 조합한 후 인과관계를 따져 거대한 스토리로 엮는 것은 엄청난 능력이다. 컴퓨터가 이 분야를 따라오려면 상당한 시간이 필요할 듯하다. 10단논법으로 팩트 진행 상황이 예측되면 이를 스토리로 만들어야 한다. 모자이크를 완성하듯이 각각의 팩트를 조합해서 하나의 완성된 형태로 만드는 것이다. 고차원의 스토리가 꾸려진다.

　몇 해 전부터 〈내조의 여왕〉, 〈추리의 여왕〉 등과 같이 '○○의 여왕'이라는 제목이 붙은 드라마나 강한 여성이 주인공인 드라마가 유행한다. 드라마는 시대상을 반영한다. 그런데 왜 지금 이런 드라마가 유행할까? 우선 많은 남성이 초식남화되면서 반대현상으로 강한 여성에 대한 동경심이 커졌다. 여기에 등장하는 강한 여성은 대부분 주부다. 육아, 시댁과 관계에서 정신적으로 혼란한 주부들이 자기 존재가치를 찾고자 하는 욕구를 표현한 것이다. 때로는 낮은 임금으로 일하면서 헝그리 정신이 강한 모습을 보이는 것은 취업난을 반영한다. 과거 드라마는 여주인공이 왕자에게 간택되는 신데렐라가 되면서 막을 내렸지만, 요즘은 여성이 선택하는 것으로 역전되기도 한다. 결론적으로 살아가기가 만만치 않은 세상에서 여성의 역할이 커지고 있다는 메시지일 것이다. 드라마 한 편에도 시대상이 반영되고 있다. 류(流)를 갖춘 인재는 이렇게 하나의 사건에서 많은 스토리를 단번에 추출해내기도 한다. 반대로 얘기하면 핵심을 한번에 알아챈다는 것이다.

이런 고차원적 스토리만 있는 것은 아니다. 일상생활에서도 지식을 스토리로 엮어 대화하는 습관을 들이면 긍정적인 효과를 볼 수 있다. 예를 들어 고객과 등산할 때 참나무 아래에서 쉬면서 참나무의 효능을 설명해주면 좋다. 종류가 다양한 참나무를 구별해주거나 쓰임새 등을 얘기해주면 깊은 인상을 남길 수 있다. 특정 지명을 보면서 그 지역 역사와 유래를 스토리로 대화하면 그 지역 출신은 매우 호의적으로 바뀔 것이다. 서울 방학동에 사는 사람에게 "그 동네는 맨날 방학(放學)만 하나?" 하지 말고 "학(鶴)이 평화로이 노는(放) 동네에서 살아서 그런지 도인의 풍모가 풍깁니다"라고 하면 상대방이 어떤 반응을 보일까?

인재는 10단논법을 스토리로 만든다. 10단논법의 전 과정을 스토리로 엮으면 이해하기 편하고 기억에 오래 남는다. 일상생활에서도 스토리를 엮어 대화하면 상대방을 설득하기가 쉽다. 중간에 재미있는 사례나 감정을 첨가하면 복잡한 내용도 상대방이 빠르게 이해할 수 있다. 우리 삶은 트리플 카오스로 지쳐 있다. 심리적으로도 불안정하다. 길을 잃은 한국인에게 스토리로 대화하면 상대방 얼굴에 미소가 번진다. 스토리 때문에 마음의 문을 열 것이다. 스토리로 대화하고 설득하려면 10단논법과 마찬가지로 폭넓은 상식을 갖추고 낚싯바늘을 온몸에 두르고 살아야 한다. 스토리 이면에 아주 큰 지혜의 아우라가 있어야 한다.

스토리 있는 엠티(MT)

내가 임원이었을 때 담당한 본부에서 실행했던 스토리 있는 MT를 소개한다. 인천에서 출발하는 지하철 1호선에 함께 타서 동두천에 있는 소요산으로 등산을 가는 MT였다. 역별로 열차 도착 시간을 공지하고 맨 뒤칸에서 모이기로 했다. 인천역에서 1명이 타고 출발했고 역을 지날 때마다 직원들이 탔다. 지하철이 역에 도착할 때마다 각 팀장은 자기 팀원의 탑승을 점검했다. 의정부를 지나자 직원 100여 명이 모두 지하철에 탔다. 소요산에 올라서는 팀별로 준비해 온 음식을 먹었다. 산상 뷔페가 열린 것이다. 하산 길에는 사찰의 구조와 의미에 대해 강의를 들었다. 역 주변 식당에서 팀별로 간단하게 2차 행사를 했다. 마지막으로 알려준 것은 출발하는 열차시간이었다. 오후 5시경 100여 명이 함께 소요산 역에서 출발했다. 시간이 지나 하나둘 열차에서 내리면서 그날의 MT는 끝났다. 이 MT의 제목은 '인생'이었다. 하루 동안 서로 만나고, 힘든 산을 함께 오르고, 정상에 오르는 행복을 맛본 후 헤어졌다. 이 스토리 있는 MT는 오랜 시간이 지난 지금도 함께했던 직원들에게 즐겁고 의미 있는 MT로 기억되고 있다. 스토리를 만드는 것은 리더의 훌륭한 소통 방식이다.

어떤 현상을 스토리로 이해하면 계획을 세우기도 쉽다. 향후 진행 방향을 스토리로 이해하기 때문이다. 당연히 의사결정도 신속하게 이루어진다. 상황이 급변할 경우에는 경영 전략도 빠르게 수정할 수 있다. 21세기의 리더는 인공위성에서 10단논법으로 생각한 후 스토리로 경영해야 한다. 스토리가 있으면 직원들이 저절로 따라온다.

고정형 미래 vs 유동적 미래

누구나 살아가면서 가장 많이 고민하는 것이 미래를 준비하는 일이다. 공부나 저축을 하는 것은 미래에 더 잘살기 위해서다. 운동도 미래에 건강하게 살기 위해서 한다. 현재를 희생해서 미래에 투자하는 비중이 전체 삶 중 얼마나 될까? 매우 높을 것이다. 하지만 실제 생활에서는 '과거〉현재〉미래' 순서로 생각하며 생활하는 경향이 강하다. 미래를 준비하며 사는 것 같지만 실제로는 과거와 현재에 관심이 크다. 불과 10여 년 전까지만 해도, 현재 어려움을 감내하면서 미래를 준비하면 대부분 높은 보상이 뒤따랐다. 예측대로 행복해질 수 있었다. 원하는 행복을 얻은 후에는 치열함의 강도와 속도를 다소 낮춰도 괜찮았다. 여유를 부릴 수 있었다. 人災들은 대화할 때 통상 "옛날에는 말이야~"라는 접두어를 붙인다. 그러나 그의 말은 말 그대로 '옛날이야기'가 되었다.

사회의 모든 영역, 특히 경제나 기업 차원에서 옛날은 없다. 人災와 인재가 함께 살아가지만 미래형 인재는 가급적 옛날이야기를 하지 않는다. 그는 "앞으로 말이야~" 이렇게 대화를 시작한다. 인재는 미래형으로 살아간다. 과거는 다른 사람과 동일하지만 그의 머릿속은 미래를 기반으로 한다. 물론 과거에도 항상 미래를 준비하며 살아왔다. 그러나 그 미래는 어느 정도 예상 가능한 다소 고정된 미래였다.

지금은 연일 새로운 기술이 출현한다. 삶의 환경이 근본적으로 바뀌고 있다. 부자가 망해도 3년은 가는 게 아니라 일순간 완전히 망할 수 있다. 유동적인 미래로 개념이 바뀐 것이다. 유동적인 미래란 무엇인가? 현재 시점에서 바라보는 미래가 시점에 따라 계속 변한다는 의미이기도 하다. 1970년에 예상한 1980년 모습은 1975년에 예상해도 비슷했을 것이다. 그러나 지금은 다르다. 2025년의 세상을 예측할 경우, 2017년 예측과 2020년 예측은 차이가 크다. 트리플 카오스가 세상을 복잡하게 만들면서 변화 속도가 빨라지는 가속도의 세상이기 때문이다. 이제 미래는 고정되어 있지 않다.

세계적 기업들은 미래의 변화를 연구하는 조직을 운영한다. 이 조직의 연구 대상인 미래는 특정 시점을 고정하지 않는다. 항상 현 시점보다 5~10년 후 세상을 고민한다. 2017년 스마트폰 생산기업의 미래 연구 조직이 5년 후인 2022년의 스마트폰에 대해 연구한다고 가정해보자. 이때가 되면 배터리 성능이 충전 후 10일은 지속되고 크기는 현재의 절반 정도가 되어야 한다는 결론을 도출했다고 해보자. 개발책임자는 배터리 제조기업의 연구원, 경영자 등과 머리를 맞대고 함께 연구한다. 그렇게 1년쯤 지났을 때 배터리 담당이 바라보는 미래는 1년이 추가된다. 당시부터 5년 후인 2023년이 되는 것이다. 당연히 배터리 크기는 더 줄어들고 성능도 좋아져야 한다. 이렇게 스마트폰을 만드는 연구부서는 부품별로 분해해서 미래를 유동화한다. **이들은 몸만 현재에 있고, 실제 삶은 5년 후 미래에서 살고 있는 것이다.** 부가가치가 높고 최신 기술이 적용되는 분야일수록 미래를 유동적이라고 생각하고 판단해야 한다.

대도시 개인택시회사는 도시가 확장될 때마다 변두리로 차고지를 옮겨간다. 사실 영업용 택시회사가 큰돈을 벌기는 어렵다. 그러나 영업용 택시회사 오너들은 변두리로 차고지를 옮길 때마다 땅값이 올라 큰돈을 벌었다. 미국의 맥도날드 햄버거 매장은 전 세계 어느 나라에서나 가장 좋은 위치에 입점한다. 맥도날드는 고성장이 예상되는 지역에 매장을 내서 그 지역이 포화상태가 되면 건물을 매각한 후 이전하거나 임대로 전환한다. 새롭게 중심지가 될 만한 지역에도 적극적으로 진출한다. 이 과정에서 건물 가격이 오르면서 큰돈을 벌고 있다. 택시회사 오너와 맥도날드 점포 담당자는 결국 미래의 도시 발전을 보는 것이다. 이들의 일은 미래를 예측하는 것이다.

살아간다는 것은 미래를 고민하는 것이다. 시대를 몇 년 앞서 살아야 한다는 표현이 더 적절할 듯하다. 그렇다면 몇 년 후 미래를 어떻게 살펴야 할까? 인재일수록 그가 바라보는 미래는 일반인보다 훨씬 멀다. 일반인이 1년 정도 본다면 인재는 5년, 10년 앞을 내다본다. 인재는 자신이 바라다본 미래를 중심으로 계획을 세우고 실천한다. 단 그 미래는 정지된 것이 아니라 끊임없이 변한다는 점을 잊지 말아야 한다.

과거에는 호황과 불황을 반복하는 일반적인 경기주기가 3년 정도였다. 따라서 3년 후 미래를 예상하면 크게 틀리지 않았다. 그러나 트리플 카오스로 이제는 경기주기가 희미해지고 있다. 명확한 경기순환 주기가 없기 때문에 더 멀리 봐야 한다. 또 자신이 속한 산업과 분야에 따라 미래를 보는 관점도 달라야 한다. 산업별로 경기 사이클은 다소 차이가 있다. 소재산업과 같이 경기 사이클이 긴 산업은 5년 이상 먼 미래를 봐야 한다. 반면 IT 산업처럼 기술발전 속도가 빠른 산업은 짧은 미래를 봐야 한다. 주된 생산품의 라이프사이클을 2개 정도 앞서가는 기간의 미래를 고민하는 것이 적정해 보인다.

공직자는 기업의 경영자보다 더 멀리 봐야 한다. 저출산문제는 10년 전에 대두되었다. 그러나 대안을 전혀 마련하지 못한 채 빠르게 고령사회에 진입하고 있다. 정치적 합의가 부족했다고 변명할 수도 있다. 그러나 10년 전 고령사회는 이미 확정되다시피했다. 눈앞의 경기부양용 투자나 정치적 의도의 중복투자만 줄였어도 어느 정도 준비할 수 있었다. 다른 예로 경부고속도로 확장공사를 살펴보자. 교통량이 늘어나면서 1987년 중부고속도로가 개통되었다. 이때 중부고속도로와 경부고속도로가 만나는 남이분기점에서 호남고속도로와 갈라지는 회덕분기점 구간의 확장공사를 기억해보자! 편도 2차선인 두 고속도로가 합쳐졌으니 당연히 동 구간은 4차선 이상이 되어야 한다. 그러나 3차선으로 1차 확장공사를 완료했다. 교통량이 늘사 이번에는 4차선으로 2차 확장공사를 실시했다. 그러고도 더 막히니 5차선으로 3차 확장공사를 진행했다. 이러는 동안 대전-통영 고속도로가 완성되고, 당진-대전 고속도로도 개통되었다. 경부고속도로도 편도 2차선에서 4차선이 되었다. 2016년 말 대전-영덕 고속도로까지 완성되었다. 이 구간은 지금도 여전히 상습 정체구간이다.

서울 시내 가로수도 마찬가지다. 1970년대에는 생존력이 강한 수양버들이 가로수였다. 그러나 꽃가루가 날리면서 은행나무로 바꿨다. 그런데 은행나무는 열매에서 악취가 심하다. 가을에 거의 대부분 구청에서는 은행 열매를 제거하려고 큰돈을 들인다. 급기야 최근에는 느티나무로 다시 바꾸고 있다. 일부 구청에서는 도심에서 생존력이 약한 소나무를 가로수로 심고 이 나무가 고사하면 다시 심는 작업을 반복하고 있다. 고속도로 확장공사를 기획한 사람들이나 가로수 수종을 고르는 사람들은 눈앞의 짧은 미래만 보는 人災다.

인구 증가가 멈추고 도시화가 거의 마무리되면서 더는 투자 대상이 없는 상황이다. 그러나 먼 미래를 생각한다면 투자할 것이 많다. 고령화가 더 진행될 테니 고령자를 배려해서 대도시 지하철에 모두 에스컬레이터를 설치할 수 있다. 지방과 수도권의 균형 발전을 이루기 위해 더 빠르고 편리한 교통수단을 만들 수 있다. 물 부족에 대비해 전체 상하수도관을 정비할 수도 있고 환경오염을 제거하는 시설에 대규모 투자를 집행할 수도 있다. 눈앞만 보면 투자 대상이 없지만 10년 후를 생각하면 투자 대상이 너무 많다.

개인의 미래 vs 조직의 미래

개인이나 조직은 미래를 중심으로 생각하고 결정해야 한다. 여기서 중요한 것은 개인의 미래와 조직의 미래를 조화시키는 것이다. 조직과 개인이 함께 미래를 준비하며 살지만 다소 시간차가 있다. 경기 하락이 예상되면 기업은 미리 경기 하강에 대비해야 한다. 부채를 줄이고 인력 채용을 줄일 수도 있다. 부실한 해외 자회사를 정리할

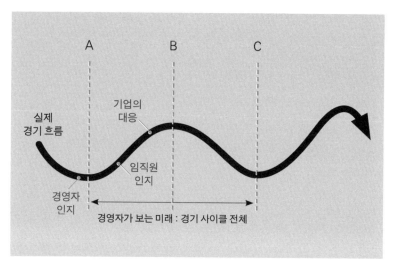

미래에 대한 반응속도

수도 있다. 이른바 '선제적 구조조정'을 시행할 수 있다. 그러나 기업이 선제적으로 움직이려면 경영자나 종업원이 먼저 경기 하강을 감지해야 한다.

우선 경영자가 가장 먼저 미래의 변화를 감지해야 한다(A시점). 경영자는 자신이 예측한 미래를 임원과 리더들에게 전파해야 한다. 임원과 리더들은 이를 다른 직원들에게도 알려서 전사적으로 준비해야 한다. 미래 변화에 대한 치열한 토론도 필요하다. 해결 방안을 놓고 많은 직원의 의견을 수렴해야 한다. 사내에서 미래 변화에 대한 소통의 양이 급속히 증가해야 한다. 이후 경기 변화에 따른 기업의 실행이 나타나야 한다. 이것을 정리하면, 미래 변화를 경영자가 인지→임직원에게 전파·설득→회사의 변화→실제 경기의 변화 순서로 나타난다. 결론적으로 기업 경영의 성패는 경영자가 먼 미래를 얼마나 빨리 보느냐에 달려 있다.

CEO를 포함한 리더들은 직원들과 직접 대면해서 미래의 변화에 대해 토론하고 회사의 방향을 제시하는 데 많은 시간을 써야 한다. 통상 뛰어난 경영자는 반대로 생각한다고 한다. 불황이 나타나면 호황을 대비하고 호황이 오면 불황을 대비한다. 미래형 인재는 경기 호황의 절정인 'B'시점에서 이미 선제적인 구조조정을 끝내놓고 'C'시점까지 면밀하게 관찰한다. 인수합병으로 다른 기업 인수를 검토할 수 있다. 물론 실행은 'C'시점 근방에서 한다. 미래형 인재는 몸은 현재에 있으나 마음은 미래에 있다.

일은 경영자 혼자 하는 것이 아니다. **임원 등 회사 간부와 종업원 전체가 평상시에 미래를 공유할 때 더 좋은 성과를 얻는다.** 많은 기업이 비전을 제시한다. 5년, 10년 후 회사의 목표를 제시한다. 외부에서 신임 CEO가 부임하면 회사의 비전을 컨설팅회사에 맡겨 거창하게 발표하는 경우가 많다. 이때 컨설팅회사, CEO, 직원 3자가 바라보는 미래는 차이가 날 수 있다. 이런 상태에서 아무리 좋은 비전을 내세워도 실현 가능성이 낮아진다. 회사의 비전과 정책이 미래 변화에 대응하기 위한 것임을 모든 직원과 공유하고 함께 만들어야 한다. 이런 과정을 거쳐야만 비전이 제대로 역할을 할 수 있다. 미래 변화에 대해 직원들이 충분히 이해할 때만 선제적인 구조조정과 같은 어려운 과제를 처리할 수 있다.

모든 산업이 공급과잉에 빠지면서 비용과 인력을 줄이는 구조조정이 상시적으로 일어나고 있다. 구조조정은 고통스러운 과정이다. 노사 갈등이 발생하기도 하고 비용노 많이 소요된다. 구조조정에 실패하는 기업은 경영자나 종업원 모두 미래 변화에 관심이 없는 경우가 많다. 대규모 투자에 나설 때나 새로운 비즈니스를 시행할 때도 경영자와 임직원은 미래를 공유해야 한다. 임직원 모두 미래의 변화와 회사 상황을 잘 이해했을 때 모든 직원이 새로운 비즈니스에 적극 참여한다. 직원 개개인의 창의성을 경영에 투입할 수 있게 된다. **CEO의 역량 중에서 세계 경제와 해당 산업의 미래에 대한 안목 그리고 이것을 직원들과 공유할 수 있는 노력이 앞으로는 더욱 중요해질 전망이다.**

경영자와 직원이 미래를 공유하는 기업만이 성공한다. 미래를 공유하면 기업과 직원이 운명공동체가 되므로 직원들의 주인 의식을 높일 수도 있다. 미래 변화가 복잡하고 빨라질수록 직원들의 교육도 강화해야 한다. 특히 교육과정에서 미래 변화를 교육하는 것이 중요하다. 리더는 직원들을 만날 때 항상 미래 변화를 얘기해야 한다. 미래를 공유하면 직원들이 주인 처지에서 이해하고 행동하게 된다. 경영자와 직원들이 미래를 공유할 때 많은 문제는 저절로 해결된다.

★ ★ ★

류(流) 단계에 오르려면 학습과 노력이 많이 필요하다. 시간보다 더 중요한 것은 관심이다. 관심을 가지고 끝없이 노력해도 도달하기가 쉽지는 않다. 그러나 주위에서 류(流) 단계에 오른 성공한 인재가 많다는 점에서 희망적이다. 우리는 과학기술이 발전하면서 의지만 있다면 모든 것을 할 능력을 보유하게 되었다.

인재는 류(流) 단계에 오르려고 스스로 동기를 부여한다. 마치 깊은 산속 옹달샘처럼 쉼 없이 관찰하고, 생각하고, 학습한다. 왜 인재는 이렇게 피곤하게 살까? 가장 중요한 이유는 류(流) 단계에 오르면 성취감, 만족감을 맛보기 때문이다. 멀리, 넓게 보게 되니까 당연한 현상이다. 삶에 여유가 생긴다. 무수히 많은 현상을 보면서 다양성을 인정하게 된다. 또 학습과 관찰을 힘들어하기보다는 재미있어한다. 재미있으니까 지치지 않고 몰입하는 것이다. 몰입하면서 새로운 성취를 얻으니 만족감을 느끼고, 또 다른 현상에 관심을 둔다. 고단한 삶에서 人災보다 몇 배 더 힘들게 살지만, 오히려 즐겁고 행복하다. 인재는 멈추지 않고 뚜벅뚜벅 류(流)의 경지를 추구한다.

인재 vs 인재

홍성국 지음

초판 1쇄 2017년 07월 01일 발행
초판 5쇄 2020년 10월 12일 발행

ISBN 979-11-5706-092-4 (03320)

만든사람들

책임편집	정소연 이상희
디자인	김진혜 임연선
마케팅	김성현 김규리
인쇄	천광인쇄사

펴낸이	김현종
펴낸곳	(주)메디치미디어
경영지원	전선정 김유라
등록일	2008년 8월 20일 제300-2008-76호
주소	서울시 종로구 사직로 9길 22 2층
전화	02-735-3308
팩스	02-735-3309
이메일	medici@medicimedia.co.kr
페이스북	facebook.com/medicimedia
인스타그램	@medicimedia
홈페이지	www.medicimedia.co.kr

이 도서의 국립중앙도서관 출판예정도서목록(CIP)은
서지정보유통지원시스템 홈페이지(http://seoji.nl.go.kr)와
국가자료종합목록시스템(http://www.nl.go.kr/kolisnet)에서
이용하실 수 있습니다.